『記録映画作家協会会報』解説・総目次・索引

JN165598

不二出版

目次

Ⅰ　解説

『作家協会会報』と、一九五五～一九六四年までの記録映画運動について　阪本裕文　5

感性の記憶をみる　―『記録映画作家協会々報』解説―　佐藤　洋　29

Ⅱ　総目次　63

Ⅲ　索引　(1)

I 解説

解説　『作家協会会報』と、一九五五～一九六四年までの記録映画運動について

阪本裕文

はじめに

『教育映画作家協会会報』（作家協会の名称変更に伴い『記録映画作家協会会報』に改称）は、教育映画作家協会（一九六〇年一二月より記録映画作家協会に名称変更）が毎月発行していた会報である。今回の出版では号外を含め、一九五五年三月に作家協会発足と同時に発行されたNo.1から、一九六四年一一月二〇日に発行されたNo.96までが復刻される（欠号となっているNo.62・No.71については、発行の確認に至らなかったために収録していない）。これに加えて、「作家協会関係資料」として次の資料が参考収録される。

1　第五回定例総会（一九五八年一二月二七日）、第六回定例総会（一九五九年一二月二七日）、第七回定例総会（一九六〇年一二月二八日）、第八回定例総会（一九六一年一二月二七日）、第九回定例総会（一九六二年一二月二七日）、第十回定例総会（一九六三年一二月二七日）、臨時総会（一九六四年一二月二六日）、第十一回定例総会（一九六五年二月二七日）の議案書・討議資料

2　一九五五年から一九六四年までの期間に、作家協会によって配布された上映会・研究会等のビラ類

また、作家協会の前身にあたる組織であった記録教育映画製作協議会についても、「記録映画教育映画製作協議会

資料」として次の資料が参考収録される。

1　一九五三年から一九五五年までの期間に、製作協議会および関係団体によって配布された上映会・研究会等のビラ類

2　『記録映画教育映画製作協議会ニュース』（№３以降については、発行の確認に至らなかったために収録していない）

重層的な場としての作家協会

復刻の対象となる号数を一九六四年一一月二〇日に発行された№96で区切ったのは、この号の発行後に開催された一九六四年一二月二六日の臨時総会を経て、一九六四年一二月二七日付けで、芸術運動を指向するグループの作家四六名が連名で作家協会を脱会するという、決定的な出来事が起こるためである。言うまでもなくこの臨時総会は、一九六三年一二月二七日の第十回定例総会および一九六四年二月一日の臨時総会と繋がっている。それは、松本俊夫・野田真吉を中心とした芸術運動を指向するグループと、共産党の文化運動方針を敷衍した、職能組合的な方向を指向するグループによる、作家協会の方針をめぐる対立の最終的な帰結であった。この両グループの対立は作家協会の機関誌である『記録映画』の誌面においては、「作家主体と方法の確立」をめぐる論争や、製作協議会の活動にまで遡る「左翼映画運動の総括」をめぐる論争とともに進行してきた。しかし、作家協会内部の動きについては、『記録映画』誌面を参照するだけでは明確には浮かび上がってこない部分がある。それは、機関誌としての『記録映画』が、作家協会外部に向けられた雑誌としての性格を持っていたことによる。そのため、作家協会内部の労働運動に関わる議論や、上映会・研究会の詳細を知るためには、『記録映画』だけでなく、会員に向けられた『作家協会会報』にあたり、これを読み込むことが必要となってくる。その際に注意すべきことは、職能組合的な方向を指向するグループの意見は、『記録映画』よりも会報に表れていたということであろう。『記録映画』の編集委員は、基本的に芸術運動

を指向するグループの作家（特に黒木和雄・長野千秋・粕三平（熊谷光之）・西江孝之・佐々木守・康浩郎・松川八洲雄など、野田・松本に近い考え方を持つ者）が、その多数を占めていた。勿論これは『記録映画』誌面から異なる立場の意見が排除されていたことを意味するものではなく、編集は公平さに注意して行われていた。しかし、『記録映画』そのものに対する批判や、作家協会の方針に関わる意見は、やはり会報に向かっていたといえる。

これまで、この作家協会内部の対立は、それぞれが他方の立場を否定する論調で語られることが多かった。この関係を私たちはどのように理解すべきなのか。確かに運動当事者の立場からすれば、激しい言葉によって相手を批判することも止むを得なかった側面はある。しかし、戦後社会における文化運動のひとつとして、歴史的な観点から作家協会を見直すならば、この時期の作家協会内部における対立を、運動の重層性において捉える必要があると筆者は考える。共産党の第六回全国協議会（一九五五年七月）以後の状況を反映した、個人の考えに基づく自発的活動の範疇において、芸術運動を目指すという立場も、生活と権利を守るという政治的な立場も、ある時期までは自らの一部に互いの存在を含んでいた。歴史的に見るならば、そのような運動の重層性とは、一九五〇年代前半のサークル運動に存在していた「集団」と「個人」の問題を更新し得る、ひとつの試みであったといえる（その意味において、九州で『サークル村』を組織した谷川雁が、『記録映画』に組織論を寄稿[*1]していたという事実は、象徴的であろう）。このような矛盾に満ちた、しかし豊かな重層性は、一九六四年一二月二六日の臨時総会直前までの会報紙面に色濃く反映されている。

これが復刻の対象となる号数を、一九六四年一二月二六日の臨時総会直前の№96で区切った理由である。『記録映画』と『作家協会会報』を並行して読み込むことで、私たちは、重層的な運動の場としての作家協会の姿を捉えることができる。

次に本稿では、製作協議会としての活動を経て一九五五年三月に作家協会が発足してから、一九六四年一二月の臨時総会に至るまでの経緯を、「機関誌『記録映画』刊行以前」「機関誌『記録映画』刊行期」「機関誌『記録映画』休刊以後」という三つの時期に区分して、年度ごとに概説する。

1 機関誌『記録映画』刊行以前（一九五五年〜一九五七年）

作家協会の発足について述べるには、その前段階として記録教育映画製作協議会[*2]の存在について触れなければならない。この製作協議会について知ることができる資料は限られているが、『記録映画教育映画製作協議会ニュース』No.1（一九五三年四月一〇日発行）によると、一般からのカンパによって製作された『1952年メーデー』（一九五二年）の成功を契機として、一九五三年一月に日映作家集団、新映画作家集団（旧東宝教育映画）より準備会が持たれ、一九五三年四月一〇日に日映作家集団、新映画作家集団、日映技術集団、第一映画プロダクション演出者グループ、東宝芸術家協会、現代撮影協会、キャメラマン・クラブのメンバーが集まって発足した運動体であるとされる。設立当初の幹事長は野田真吉、幹事は河野哲二・竹内信次・大沼鉄郎が務めた。発足時の会員数は不詳である。

その一員であった川本博康の回顧[*3]によると、戦後の混乱のなかで映画会社を辞めさせられ、経済的に苦しい状態にあった作家らが、自分たちの望むような記録映画・教育映画を製作するために集った実作者中心の組織であったことが分かる。そして製作協議会は、発足当初より大衆運動と一体化した「民主的記録映画・教育映画」の自主製作に取り組み、毎年のメーデー映画や『京浜労働者』（一九五三年）といった作品に関わってゆく。この「民主的記録映画・教育映画」の自主製作運動とは、『勤労者文学』（新日本文学会）や、その後の『人民文学』（人民文学社）とその後継誌である『文学の友』によって牽引されていった職場や地域のサークル運動の生活記録と同じく、左翼的な文化運動の文脈に位置付けられるものであり、その背景には、共産党の第五回全国協議会（一九五一年一〇月）前後の文化運動方針の存在があったと見るべきだろう。[*4]また、それら映画における表現は、基本的に社会主義リアリズムの方法論を採るものであった。その後も製作協議会は、『月の輪古墳』（一九五四年）や『日鋼室蘭　197日の闘い』（一九五五年）

などの作品を製作してゆくが、経済的な製作基盤が脆弱であったために自主製作を継続することができず、一九五五年頃に、その活動を実質的に解体させる。

そして製作協議会に入れ替わるようにして、一九五五年三月に教育映画作家協会が発足する。この作家協会への移行過程にあった作家の問題意識は、『記録映画教育映画製作協議会ニュース』No.２（一九五四年七月二五日発行と推定）に掲載された「記録映画製作運動の問題点―新しい映画運動方針のための覚書」[*5]から窺うことができる。この文章には「N」というイニシャルで署名されているが、恐らく野田真吉によるものと推測される。そこでは、製作協議会の活動が自主製作運動に重心を置き過ぎていたことが問題点として挙げられており、PR映画の製作受注の増加を背景に、企業内に製作運動を持ち込むことが提起されている。

一九五五年度

このような製作協議会の運動を踏まえて、作家協会は一九五五年二月二一日の発会総会によって発足した（正式な発足日は三月一日付け）。発足当初の役員は、運営委員長に吉見泰、運営委員に加藤松三郎・富沢幸男・八木仁平・西沢豪・秋元憲・豊田敬太・羽仁進・大野芳樹が選ばれた。会報No.１（一九五五年三月七日以降発行と推定）の名簿によると三月七日時点での会員数は七〇名である。

教育映画作家協会規約には、「1教育映画の製作を通じて、平和で民主的な日本の文化の発展に貢献する」「2教育映画の製作を活発にする力となり、作品の質の向上に努める」「3作家の生活の擁護と向上をはかり、その社会的地位の向上に努める」という目的が記されている。このうち「2」については合評・理論研究などの活動にみられる創作的側面に結びついており、その実践として、三月より会員作品を中心に上映する定例の「試写研究会」が開始された。「3」については作家同士の経済的互助をはかる組合的側面に結びつくものであるといえ、プロダクションとの交渉においては作家協会が窓口になったり、東京芸能人健康保険組合の加盟団体として健康保険への加入制度を設けるなどした。その職能組合的な性格は、製作協議会にはないものであった。

対外的な催しとしては、一二月一一日に初の上映会として、作家協会の推薦作品を上映する「これだけは見てもらいたい映画の会」（国鉄労働会館ホール）が開催された。

一九五六年度

作家協会は一九五五年一二月二六日に第二回定例総会を開き、一九五六年度の役員を決定する。運営委員長に吉見泰、運営委員に加藤松三郎・八木仁平・京極高英・西尾善介・島内利男・中村敏郎・羽仁進・吉岡宗阿弥、富沢幸男（代理）・間宮則夫（代理）、事務局長に菅家陳彦が選ばれた。この段階で会員数は九七名である（賛助会員除く）。

この総会で提起された案として注目すべきは、作家協会の名称変更の問題と、協会機関誌の刊行についての案であろう。名称変更についてはアンケートによる意見集約などが行われたが、実際に名称が「記録映画作家協会」へと変更されるのは一九六〇年一二月のことである。協会機関誌については、一月の運営委員会において検討が開始されており、「教育映画研究」という題名も告知されたが、これも会員の意見を踏まえての充分な議論が行われていないとして中断の判断が下され、実際に『記録映画』が刊行されるのは一九五八年六月にずれ込むことになる。この段階の作家協会は、記録の方法をめぐって他の領域を巻き込むような越境性を持ち得るに至っておらず、まだ狭義の教育映画やPR映画の概念に規定された段階にあったと見るべきだろう。

また、この年より各研究会が立ち上げられ、合評や研究活動が活発化し始める。五月には「教材映画研究会」と「新人会研究会」が発足する。続く七月には、吉見泰による「シナリオ研究部会」、厚木たか・京極高英・野田真吉による「記録映画研究会」、八木仁平・諸岡青人・加藤松三郎による「PR映画研究会」が発足した。

一九五七年度

　作家協会は一九五六年一二月二六日に第三回定例総会を開き、一九五七年度の役員を決定する。運営委員長に吉見泰、運営委員に丸山章治・加藤松三郎・八木仁平・野田真吉・矢部正男・竹内信次・京極高英・中村麟子・西沢豪・岡本昌雄・原本透・吉岡宗阿弥・高綱則之、肥田侃（臨時）・間宮則夫（臨時）・大沼鉄郎（臨時）、事務局長に菅家陳彦が選ばれた。この年より作家協会会報の編集委員を置くことになり、運営委員会において肥田侃・松本俊夫・樺島清一・中村麟子・加藤松三郎・小高美秋（事務）が選ばれる（二月二五日発行の№22以降が、編集委員による編集となる）。この段階で会員数は一三六名である（賛助会員除く）。

　この年は、年頭より『記録映画』の刊行につながる重要な文章が会報紙面に相次いで掲載される。まず、会報№21（一月二五日発行）において、運営委員会の署名による「作家の自主性のために」[*6]と題された提言が掲載される。実質的に短編映画の大半を占めるPR映画の製作に従事する中で、記録映画作家としての自主性をどのようにして守るべきかという問題を提起し、これに関する個人の苦闘を作家全体で共有すべきと結論付けるこの提言は、同号に掲載された野田真吉の「記録映画に関するいくつかの当面している問題について」[*7]と対応関係にある。この年、野田が運営委員に加わったことも、この提言の発表に結びついたと考えるのが妥当だろう。そして、会報№22（二月二五日発行）において、この提言に対する応答[*8]が、諸岡青人と松本俊夫から出される。松本はその文章の中で、新理研映画での自身の苦い経験を踏まえながら、「自主性」を「主体」に置き換えて、これを吉本隆明・武井昭夫の「文学者の戦争責任論」[*9]に結びつけ、作家協会および会報が、この問題を論じ合う場になることを期待すると結ぶ。さらに会報№23（三月二五日発行）でも大沼鉄郎・豊田敬太からの応答[*10]が続いた。

　また、この年は作家協会の財政が、会費未納の累積により危機的な状況に達し、四月六日には、この問題についての臨時総会が開かれた。その後も、財政問題は慢性的に作家協会の運営の障害となり続ける。このような状況が続くなか、第四回定例総会を目前とした№31（一二月二〇日発行）において、松本による「作家の主体ということ—総会によせて、作家の魂によびかける」[*11]が掲載される。これは再び吉本・武井の「文学者の戦争責任」論に言及しながら、これを記録映画の領域に引きつけ、主体喪失の状態にある作家らが、厳しい内部批判の態度を持たずにいることを批判する激しい論調の文章である。特に「戦争中には無批判的に戦争協力の映画を作り、全く外在的な力で進路を転換されると、深刻な内部批判もせぬまま他動的に方向を変え、一寸した政治的高揚期には、すぐヒステリックに芸術を政治に隷属させるような小児病的偏向を犯し、一般的後退期には無節操にフイルム宣伝広告業に順応する。ここには終始一貫主体欠如の奴隷的転人がいるだけで、作家は始めから不在ではなかつたのか」[*12]として、歴史的な観点を設定することによって、作家の主体についての問題が、戦時中から当時に至るまでの長期的な射程で捉えなおされていることは、記録映画の領域における、戦後十年間を含めた戦争責任論として重要な意義を持つ。また、この主体の内部世界を批判する態度が、外部世界の実在性を素朴に認める自然主義あるいは社会主義リアリズムへの批判として、創作上の方法論の問題にまで展開されている点でも、画期的なものだった。この批判は『記録映画』創刊号に掲載された松本の「前衛記録映画の方法について」[*13]以降の論争に直結してゆく。

対外的な催しとしては、一九五七年三月二四日に「第二回推せん教育映画の会」（国鉄労働会館ホール）が開催された。

2 機関誌『記録映画』刊行期（一九五八年～一九六三年）

一九五八年度

作家協会は一九五七年一二月二五日に第四回定例総会を開き、一九五八年度の役員を決定する。運営委員長に吉見泰（常任）、運営委員を加藤松三郎・富沢幸男（常任）・野田真吉・道林一郎・河野哲二（常任）・高島一男・山本升良・渡辺正己・富岡捷（常任）・中村敏郎（常任）・下坂利春・吉岡宗阿弥・樺島清一・大野祐・秦康夫、事務局長に菅家陳彦が選ばれる（七月より常任制が採用される）。この総会では会報の機関誌化が決定され、そのための編集部会員を置くことになり、運営委員会において岩佐氏寿・岡本昌雄・谷川義雄・飯田勢一郎・丸山章治・松本俊夫・諸岡青人・小島義史が選ばれた。この段階での正確な会員数は不詳である。

機関誌名は『記録映画研究』として準備が進められるが、最終的に『記録映画』として一九五八年六月に、アルス日本児童文庫刊行会を発行元として創刊するに至る。なお、これまでの会報は内部的な連絡のための発行物として位置付けられ、継続して発行される。会報No.35（七月三〇日発行）では、発行元であったアルス日本児童文庫刊行会の経済的事情から、次号より発行元をベースボール・マガジン社に変更することが報告される。また、編集部会の報告の中では花田清輝や佐々木基一などを例に挙げて、外部への原稿依頼が提案されており、他領域に越境するアイデアが、早い段階から出ていたことが分かる。

また作家協会は、この年の一〇月に国会に提出された警察官職務執行法改正案に反対する声明を、一〇月二三日に出した。この反対運動には、他の文化団体も幅広く参加しており、作家協会は国民文化会議によって反対運動の一つとして企画された記録映画『悪法』（一九五八年）の製作に協力した（一一月完成）。

一九五九年度

作家協会は一九五八年一二月二七日に第五回定例総会を開き、一九五九年度の役員を決定する。総会と運営委員会を経て、運営委員長に中村敏郎、運営委員に岡本昌雄（常任）・矢部正男（常任）・河野哲二（常任）・川本博康（常任）・苗田康夫（常任）・かんけまり・柳沢寿男・西沢豪・渡辺正己・岩堀喜久男・西尾善介・樺島清一・樋口源一郎・杉山正美・丸山章治、編集長に岩佐氏寿、編集委員に谷川義雄（常任）・吉見泰（常任）・大沼鉄郎（常任）・野田真吉（常任）・松本俊夫（常任）・八幡省三・西本祥子・長野千秋・秋山衿一・近藤才司、事務局長に富沢幸男が選ばれた（ただし、中村敏郎は勤務先の事情により七月に退会し、委員長代理を矢部正男が務めた）。この段階で会員数は一四二名である（賛助会員除く）。

二月号からは『記録映画』が自主出版となり、ベースボール・マガジン社との協力関係を保ちながら発行元が作家協会となる。八月には『記録映画』読者との交流を図るべく、記録映画友の会準備会も発足された。

対外的な催しとしては、『記録映画』の販売促進のために「ふだん見られない映画を見る会」（日比谷図書館地下ホール）が、四月二一日に都内映画サークル団体などとの共催で行われた。この催しは翌月以降も「記録映画を見る会」と名称を改めて定例化される。また、記録映画研究会は、大沼鉄郎・野田真吉・松本俊夫を幹事として一年を通して活発な活動を見せた。なかでも機関誌映画クラブの申し入れにより、一〇月一四日の研究会でプロレタリア映画同盟の作品を上映し[*14]、再検討の俎上にあげたことは、過去の運動に関わった作家と若い世代の作家の交流から、今日的な問題意識を探ろうとしたものとして大きな意義を持っている。『記録映画』一一月号から翌年四月号に至るまで間を挟みながら掲載された「プロキノ運動の再検討」との対応関係を見いだすこともできるだろう[*15]。

この年の作家協会による記録映画への製作協力には、日本労働組合総評議会の企画による『日本の政治』（一九五九年）『安保条約』（一九五九年）『失業―炭鉱合理化との闘い』（一九五九年）の三本がある。『日本の政治』は共同映画が製作であり、作家協会からは谷川義雄が脚本・演出として参加した（三月頃完成と推定）。『安保条約』（仮題「破滅への行進」）も共同映画が製作であり、作家協会としてシナリオ案を討議したうえで、松本が脚本・演出として参加し、コメンタリー原稿は会員外から関根弘が担当した（八月完成）。『失業』は製作委員会が設けられ、作家協会からは徳永瑞夫が脚本、京極高英が演出として参加した（一一月完成）。

一九六〇年度

作家協会は一九五九年一二月二七日に第六回定例総会を開き、一九六〇年度の役員を決定する。総会と運営委員会を経て、運営委員長に岩堀喜久男、運営委員に矢部正男（研究会担当・常任）・荒井英郎（研究会担当）・京極高英（研究会担当）・八幡省三（事業担当・常任）・藤原智子（事業担当）・大沼鉄郎（事業担当）・松本俊夫（機関誌担当・常任）・

間宮則夫（機関誌担当）・河野哲二（対外広報担当・常任）・羽田澄子（対外広報担当）、杉原せつ（財政担当・常任）・かんけまり（財政担当）・野田真吉・長野千秋・西本祥子、編集長に岩佐氏寿、編集委員に野田真吉・吉見泰・長野千秋・西本祥子・渡辺正己、事務局長に富沢幸男が選ばれた。この段階で会員数は一五〇名である（賛助会員除く）。

二月より「生活と権利を守る小委員会」が発足し、ギャラについての調査を開始した。

対外的な催しとしては、『記録映画』の刊行二周年を記念して、都内映画サークル団体の協力も受けながら「世界の実験映画を見る会」の第一回（虎ノ門共済会館ホール）が四月一九日に、第二回（虎ノ門共済会館ホール）が一〇月四日に開催された。これは国内外の実験映画を集めた、先駆的な意味を持った上映会であり、以降も継続して開催された。また、「記録映画を見る会」の定例上映も継続された。八月一六日には厚木たか翻訳によるポール・ローサ著『ドキュメンタリィ映画』[*16]発行記念の記録映画研究会を、みすず書房との共催で開いている。

作家協会による映画への製作協力としては、黄河を題材とした日中合作映画の製作の計画が持ち込まれ、京極高英と松本俊夫が作家協会の推薦を受けて中国に長期渡航している。招聘元は日中文化交流協会であり、野間宏を団長とする日本作家代表団に同行する形であった。四月六日に京極が、五月三〇日に松本が中国に向けて出発するが、その後の日本国内での安保反対運動の影響により合作映画製作の計画は延期され、七月二九日に二人は帰国した。安保反対運動に関しては、作家協会は六月二一日に反対声明を出し、続けて安保問題特集の会報号外（七月六日・八月五日発行）を出したほか、他団体とともに「安保批判の会」の統一行動にも参加した。さらに、安保反対映画製作委員会の製作による記録映画『一九六〇年六月―安保への怒り』（一九六〇年）にも、作家協会から野田真吉・富沢幸男・大沼鉄郎・杉山正美などが構成・演出として参加した（七月完成）。安保反対運動の余波は作家協会内部にも影響を及ぼし、『記録映画』九月号には松本・関根弘による安保反対運動における共産党の態度を批判する文章[*17]が掲載され、政治的な立場の相違が作家協会内部に生じ始める。

一九六一年度

作家協会は一九六〇年一二月二八日に第七回定例総会を開き、一九六一年度の役員を決定する。総会と運営委員会を経て、運営委員長に京極高英、運営委員に八幡省三（財政担当責任者・常任）・西本祥子（財政担当）・菅家陳彦（財政担当）・丸山章治（機関誌担当責任者・常任）・松本俊夫（機関誌担当）・岩堀喜久男（研究会担当責任者・常任）・荒井英郎（研究会担当）・河野哲二（製作運動担当責任者・常任）・杉山正美（製作運動担当）・間宮則夫（製作運動担当）・富沢幸男（観客運動担当責任者・常任）・苗田康夫（観客運動担当）・岩佐氏寿（観客運動担当）、編集委員長に野田真吉、編集委員に松本俊夫・熊谷光之・長野千秋・黒木和雄・徳永瑞夫・西江孝之、事務局長に大沼鉄郎が選ばれた。この段階で会員数は一七〇名である（賛助会員除く）。

この総会で提起された案として注目すべきは、再び持ち上がった作家協会の名称変更の問題である。総会議案書の「提案」[*18]によると、名称変更を提案する理由は、作家協会の発足当初は、教育映画という言葉を使うことに妥当性があったが、「教育映画は、「月の輪」に見られた製作方法や「ひとりの母」に見られた精神が消え、多くのプロダクションはPRに移った。教育映画の名は、今やPRと同じソロバンに立ち、説教に熱心な姿勢を意味する。戦争の疵から恢復して、資本が独占を拡大するのに、PRが奉仕しているのと全く同じ形を、教育映画も見せはじめている」[*19]として、今やこの言葉はそぐわないと説明されている。この提案は承認され、作家協会の名称は「記録映画作家協会」に変更された。起草者は無記名だが、製作協議会の活動も踏まえた内容の提案であることから、野田真吉の意見が反映されたものと推測される。

六月には自由映画人連合会が提案してきた職能組合案についての検討が運営委員会で行われ、七月一九日には、各企業の事務連絡者や自由映画人連合会の事務局員を呼んで、「生活と権利を守る懇談会」として意見の聞き取りが行われた[*20]。これは、職能組合に移行する組織が複数現れるという映画業界の状況を受けて、職能組合として「自由映画技術者労働組合」を発足させるという構想であり、その協約草案は会報に掲載された。これを受けて、八月九日の運営委員懇談会において、事務局より、作家協会の職能組合的な性格を強めるべきではないかという趣旨の提案がなされたが、運営委員からは、職能組合の性格を作家協会にそのまま持ち込むことはできないとの主旨で、反対意見が出される。この案は総会に向けて継続審議されることになり、九月一二日発行の運営委員会向けの資料として草案「職能組合についてのプラン（第一次案）[*21]」がまとめられた。そこでは、作家協会を職能組合として発展的に解消させる案も提案されていたが、その後の継続審議のなかで、案が具体化することはなかった。

対外的な催しとしては、「世界の実験映画を見る会」の第三回（虎ノ門共済会館ホール）が「実験・前衛マンガ大会」として三月三〇日・四月五日に、第四回（虎ノ門共済会館ホール）が「世界実験ドキュメンタリー映画会」として一〇月二五日に開催された。その後に「高林陽一作品発表会」（ブリヂストンホール）も一一月一六日に開催された。[*22]また、これとは別に「記録映画を見る会」の定例上映も継続された。研究活動については、この時期に開催されていた記録映画研究会・社会教育映画研究会に加え、ドキュメンタリー理論研究会が開始され、会員外の講師などが招かれた。また、一〇月には作家協会の編集によって、8ミリカメラの普及を踏まえて、記録映画の大衆化を促す目的を持つ共著書『記録映画の技術』を医歯薬出版より刊行した。

作家協会による映画への製作協力としては、京都記録映画を見る会の企画による『西陣』（一九六一年）に、松本俊夫が演出として、会員外の関根弘が脚本として参加した。作家協会は本作の製作資金集めや自主上映運動のための東京事務連絡所としてこれに協力した。また、アラン・レネの『夜と霧』（一九五六年）、大島渚の『飼育』（一九六一年）の上映運動にも協力した。

一九六二年度

作家協会は一九六一年一二月二七日に第八回定例総会を開き、一九六二年度の役員を決定する。総会と運営委員会を経て、運営委員長に丸山章治、運営委員に富沢幸男（財政部責任者・常任）・松本俊夫（機関誌部）・長野千秋（研究

会部）・杉山正美（製作運動部責任者・常任）・野田真吉（生活対策部）・楠木徳男（生活対策部責任者・常任）・西本祥子（研究会部責任者・常任）・間宮則夫（財政部）・荒井英郎（研究会部）・樋口源一郎（製作運動部）・河野哲二（機関誌部責任者・常任）・八幡省三（生活対策部）・苗田康夫（研究会部）・菅家陳彦（財政部）・西尾善介（研究会部）・矢部正男（製作運動部）・かんけまり（製作運動部）、編集長に野田真吉、編集委員に松本俊夫・佐々木守・西江孝之・花松正卜・藤原智子・谷山浩郎・松川八洲雄・徳永瑞夫、事務局長に大沼鉄郎が選ばれた。この段階で会員数は一七三名である（賛助会員除く）。

六月二四日には、自主的に「在京者全員集会」が開催され、特に生活対策部がギャラ基準などで提起を行なった。

対外的な催しとしては、「世界の実験映画を見る会」の第六回（虎ノ門共済会館ホール）が「日本実験映画特集」として二月二七日に開催された。しかし、その後の実験映画の上映候補作品が続かなくなったために、趣旨を実験的な映画にこだわらない方針に切り替え、上映会名も「芸術映画を見る会」に改めて、第七回（虎ノ門共済会館ホール）が、六月一九日に開催された。また、西武デパートで続けられてきた「西武記録映画を見る会」については、六月より会員作家の個展形式に切り替えて継続されることになった。さらに、小型映画友の会との共催により、九月から一二月にかけて全一二回の「8ミリ映画講座[*23]」が開催された。これは、会員作家を中心とした講師によるアマチュア映画愛好家向けの連続講座である。

作家協会による映画への製作協力としては、様々な映画団体の有志による『白鳥事件』（一九六二年）に、荒井英郎が演出で参加した。また、製作運動部は映画運動について論じ合うために、第七回映画観客団体全国会議における杉山正美の発表をもとにした資料『戦後の記録映画運動からの素描[*24]』を作成した。

一九六三年度

作家協会は一九六二年一二月二七日に第九回定例総会を開き、一九六三年度の役員を決定する。総会と運営委員会

を経て、運営委員長に丸山章治、運営委員に荒井英郎（研究部）・大沼鉄郎（研究部・常任）・大内田圭弥（組織部）・菅家陳彦（機関誌部・常任）・河野哲二（財政事業部・常任）・富沢幸男（映画運動部・常任）・野田真吉（常任）・松本俊夫（機関誌部）・八幡省三（生活権利対策部・常任）・苗田康夫（組織部・常任）・渡辺正己（映画運動部）・二瓶直樹（財政事業部）・安倍成男（生活権利対策部）・東陽一（研究部）・佐々木守（組織部）、編集長に野田真吉、編集委員に松本俊夫・徳永瑞夫・西江孝之・佐々木守・黒木和雄・熊谷光之・厚木たか・長野千秋、事務局長に楠木徳男が選ばれた（常任の役職は一部不詳）。この段階で会員数は一七八名である（賛助会員除く）。

本稿の冒頭で述べた通り、この年は作家協会の方針をめぐって、職能組合的な方向を指向する立場と、芸術運動を指向する立場の対立が決定的なものとなってゆく時期である。この対立は、前年度の『記録映画』において展開された松本俊夫と木崎敬一郎の政治的背景を含んだ論争[*25]や、共産党の文化雑誌『文化評論』の時評における「主体論者」への批判[*26]と同様の動きが、労働運動の範疇で引き起こされたものと見なせる。まず、会報No.85（四月二五日発行）に、事務局長（楠木徳男）による「協会は一部の者のための組織ではない」[*27]が掲載される。これは、この数年で映画産業において相次いで現れた職能組合結成の動きについて客観的に述べたうえで、これについての検討を促すものである。こうして職能組合の問題については運営委員会でも議論となってゆくが、同じタイミングで、慢性化していた作家協会の財政的問題も取り上げられ、九月二一日に臨時総会を開催して、これらの問題を扱うことが告知される。しかし、会報No.88（九月一九日発行）において、年末の定例総会が近いという理由で臨時総会の中止が告知され、定例総会に向けて財政上の対策を練ってゆく方針が示される。同号に採録された運営委員会の採録[*28]を見れば分かるように、議論は財政的問題のレベルに留まらず、「連帯の基礎は何であるべきか」という根本的な組織論のレベルで交わされていたため、早急に結論を出すことができなかったと見られる。さらに、会報No.89（一一月五日発行）では、花松正卜と高橋昭治の連名による「職能組織と芸術運動に関する至極初歩的な原則について」[*29]と、これに反論する立場で書かれた、東陽一による「記録映画作家協会論のためのノート」[*30]が掲載される。そして、一一月二七日に第十回定例総会が開催され、運動方針をめぐる内部対立が全面化する。しかし、当日の議論[*31]は平行線で終わったため、このまま次年度の役員改選を行うことはできないとして、翌年早々に臨時総会を開催することが決定される。

この年の対外的な催しとしては、個展形式の「西武記録映画を見る会」が引き続き開催されていたが、会場の火災により九月で中断となる。

また作家協会は、この年五月のアメリカ原子力潜水艦寄港反対運動のための声明を出し、原子力潜水艦寄港問題特集として、会報号外（五月一四日発行）を出した。

3　機関誌『記録映画』休刊以後（一九六四年）

一九六四年度以降

前年度の経緯を経て、一九六四年二月一日に臨時総会が開催される。そこでは前年度運営員会による原案に対して、吉見の提案による修正案が提示され、議決の結果、原案六〇票・修正案六七票・棄権四票で修正案が採択される。これにより、作家協会の運営方針は職能組合を指向する方向に転換される。そして、この新方針に沿って『記録映画』は季刊化が予告されたうえで、一九六四年三月号を最後に休刊となる。この臨時総会は、政治的な文脈としては『アカハタ』紙面に掲載されたかんけまりの「修正主義者とのたたかいの経験―記録映画作家協会第十回総会をめぐって[*32]」や、『文化評論』に掲載された山形雄策の「混沌と抽象への勧誘（映画）―映画作家の現状と周辺[*33]」のなかで、文化分野における修正主義者との戦いとして位置付けられており、この直後に開催されることになる新日本文学会の大会と同様の構図を持っていた。運営委員長には吉見泰、運営委員に河野哲二・苗田康夫・荒井英郎・八幡省三・厚木たか・斉藤茂夫・大内田圭弥・黒木和雄・徳永瑞夫・小泉堯・西田真佐雄・安倍成男・渡辺正己・星山圭・曾我孝、事務局長に菅家陳彦が選出された（担当や常任の役職は不詳）。臨時総会までに会員数は一九〇名に増加した（賛助会員除く）。

この結果を受けて、芸術運動を指向するグループはすぐに新たな芸術運動の組織化に取り掛かり、三月四日には「芸術運動についてのアッピール」を発表した。そして、作家協会の会員ではない作家たちを加えた広範な運動体として、四月二日に記録芸術の会の仮称で発足集会を行う。この集会の出席者は六五名、参加意思表明者八九名であった。そして、五月二四日の創立総会で映像芸術の会を正式な名称として新組織が設立され、運営委員長に黒木和雄、副委員長に松本俊夫が選ばれた。ここに集った作家協会に属する作家たちの多くは、会員の籍をそのまま残していたが、この事実からは、彼らが作家協会を内部から変える可能性をまだ残そうとしていたことが窺える。

映像芸術の会の発足に併行するかたちで、三月には黒木の『あるマラソンランナーの記録』（一九六四年）の演出をめぐって、監督である黒木と製作会社である東京シネマの間でトラブルが起こる。この出来事の対応に当たった東京シネマ側の役員に、作家協会の運営委員長である吉見泰がいたため、問題は作家協会を巻き込みながら、作家の権利の侵害問題としてこじれてしまう。その経緯は次のようなものである。まず三月一二日に、作品の演出についてスポンサー側からやり直しが要求される。東京シネマ側は、修正にあたって当初は黒木に監督降板を求めるが、結果的に黒木を監督としたまま、三月一四日に再録音を行うことで落ち着く。そして、会報No.92（三月二五日発行）に常任運営委員会の声明である「作家の権利と社会的責任[*34]」と、黒木の「青年の問題について[*35]」が、併せて掲載される。しかし、運営委員会の声明は黒木にとって納得のいくものではなく、黒木は脱会届を提出する（これは運営委員会に受理されず、保留扱いとなる）。さらに、東京シネマ側によって、タイトルの変更（原題は『青年』）とスタッフクレジットの削除、エンドタイトルとコマーシャルカットの入れ替えが行われる。黒木は作家協会の運営委員の一人でもあったので、運営委員会において問題の再調査を求めてゆく。その過程で、一部の作家が共産党と黒木の仲介を申し出たことも、問題を一層複雑にした。そして、会報No.94（六月一七日発行）において、運営委員会の統一見解である「黒木問題についての報告[*36]」と、黒木の見解を述べた「再び「青年」の問題について[*37]」の掲載が予定される。しかし、運営委員会の判断によって、最終的に黒木の文章の掲載は見送られるという事態に至る。映像芸術の会に集った作家たちもこの問題に取り組み、西江孝之、会員一五名による連名、大沼鉄郎・杉山正美の連名という、三つの公開シンポジウム開催を申し入れる文書が配布され、九月一二日には作家協会による公開シンポジウムが開催される。その際に、黒木と同じ岩波映画製作所の青の会を中心とする作家によって編集された、『あるマラソンランナーの記録事件の真実』[*38]と題された冊子が配布される。さらに、七月一〇日には会員六八名による連名で臨時総会要求書が出され、一一月二六日の臨時総会の開催が決定される。これは、長期化した対立の最終的な局面であった。その直前の会報№96（一一月二〇日発行）には、徳永瑞夫による「分裂の策動に反対する―協会規約綱領の精神」[*39]が掲載されるが、これに対立する立場の作家たちも、作家協会の新体制を批判する簡素な冊子[*40]を発行するなど、双方の溝は埋めがたいものとなっていた。

そして一二月二六日、芸術運動を指向するグループの作家たちは会場に集まるが、会費未納を理由に出席を拒否され、臨時総会は流会となる。この結果を受けて、脱会の署名を事前に集めていた芸術運動を指向するグループの作家たち四六名[*41]は、一二月二七日に作家協会からの集団脱会を宣言する。こうして、『あるマラソンランナーの記録』をめぐる問題と、作家協会の運営方針をめぐる対立は、互いにとって望ましいとはいえない形で収束する。作家協会を集団脱会した作家たちは、映像芸術の会を拠点として活動を続け、機関誌『映像芸術』を通巻一五号刊行するが、その活動も一九六八年二月頃に解体する。

そして、その後はそれぞれの作家の活動の中で、日本アートシアターギルドや、『季刊フィルム』（フィルムアート社）と草月アートセンターが牽引したアンダーグラウンド映画を始めとする新しい映画の動き、杉並シネクラブのような観客運動、あるいは土本典昭や小川紳介を始めとするドキュメンタリー映画の動きへと拡がっていくことになる。

その一方で、作家協会も新方針に基づいて活動を進めてゆく。翌年、一九六五年二月二七日には第十一回定例総会が開かれ、一九六五年度の役員に、運営委員長に樋口源一郎、運営委員に荒井英郎・加藤松三郎・川本博康・河野哲二・斉藤茂夫・徳永瑞夫・秋山衿一・安倍茂男・小泉堯・曾我孝・星山圭・渡辺正己・山元敏之・田中慎之介、事務局長に菅家陳彦が選ばれる（担当や常任の役職は不詳）。この段階で会員数は一二五名である（賛助会員除く）。その後も作家協会は、現在に至るまで会員の生活と結びついた活動を継続しており、会報も、判型を変えながら刊行され続けていることを付記しておきたい。

註

＊1　谷川雁「反「芸術運動」を」『記録映画』5（2）、記録映画作家協会、一九六二年二月、pp.4-6

＊2　製作協議会に関する記述については、以下の資料も参照のこと。製作協議会の正式名称には揺れが見られるが、本稿では記録教育映画製作協議会で統一した。

吉見泰「戦後の記録映画運動1―『記録教育映画製作協議会』の運動を中心に」『記録映画』1（1創刊号）、教育映画作家協会、一九五八年六月、pp. 3-5

吉見泰「戦後の記録映画運動2―『記録教育映画製作協議会』の運動を中心に」『記録映画』1（1）、教育映画作家協会、一九五八年八月、pp. 4-5

吉見泰「戦後の記録映画運動3―『記録教育映画製作協議会』の運動を中心に」『記録映画』1（2）、教育映画作家協会、一九五八年九月、pp. 28-29

野田真吉「戦後記録映画運動についての一考察―記録映画製作協議会の運動について」『記録映画』2（2）、教育映画作家協会、一九五九年二月、pp. 23-25・p14

野田真吉・松本俊夫「対談戦後ドキュメンタリー変遷史Ⅱ　政治的実効主義批判―記録教育映画製作協議会の作品を中心に」『記録と映像』2、記録と映像の会事務局、一九六四年六月、pp. 1-6

＊3　川本博康「機関誌『記録映画』の復刻にあたって」『復刻版「記録映画」パンフレット』不二出版、二〇一六年一一月

＊4　製作協議会は、職場における記録映画作家の養成のために、講習会への講師派遣を行なっていた。このような活動からも、文学の領域における職場や地域のサークル運動と共通する背景が見出せるだろう。
＊5　無記名（N）「記録映画製作運動の問題点―新しい映画運動方針のための覚書」『記録映画教育映画製作協議会ニュース』2、記録教育映画製作協議会、一九五四年七月二五日と推定。
＊6　運営委員会「作家の自主性のために」『教育映画作家協会会報』21、教育映画作家協会、一九五七年一月二五日、p1
＊7　註6に同じ。野田真吉「記録映画に関するいくつかの当面している問題について」、pp. 2-10
＊8　諸岡青人「「作家の自主性のために」に対して（声）」『教育映画作家協会会報』22、教育映画作家協会、一九五七年二月二五日、pp. 23-25
＊9　右に同じ。松本俊夫「「作家の自主性のために」に対して（声）」、p24
次の書籍を参照のこと。吉本隆明・武井昭夫『文学者の戦争責任』淡路書房、一九五六年
＊10　大沼鉄郎「「作家の自主性のために」について（反映）」『教育映画作家協会会報』23、教育映画作家協会、一九五七年三月二五日、pp. 13-14
右に同じ。豊田敬太「「作家の自主性のために」について（反映）」、pp. 14-15
＊11　松本俊夫「作家の主体ということ―総会によせて、作家の魂によびかける」『教育映画作家協会会報』31、教育映画作家協会、一九五七年一二月二〇日、pp. 11-15
＊12　註11に同じ。p14
＊13　松本俊夫「前衛記録映画の方法について」『記録映画』1（1創刊号）、教育映画作家協会、一九五八年六月、pp. 6-11
＊14　プロレタリア映画同盟作品の上映史については、次の論文も参照のこと。
佐藤洋「プロキノ研究史がかかえる問題」『立命館言語文化研究』22（3）、立命館大学国際言語文化研究所、二〇一一年一月、pp. 99-110

＊15　「連続座談会　プロキノ運動の再検討・第一回」『記録映画』２（11）、教育映画作家協会、一九五九年一一月、pp. 14-18
「連続座談会　プロキノ運動の再検討・第二回」『記録映画』２（12）、教育映画作家協会、一九五九年一二月、pp. 23-26
「連続座談会　プロキノ運動の再検討・３」『記録映画』３（３）、教育映画作家協会、一九六〇年三月、pp. 23-29
「連続座談会　プロキノ運動の再検討・４」『記録映画』３（４）、教育映画作家協会、一九六〇年四月、pp. 23-28

＊16　一九六〇年にみすず書房から刊行されたポール・ローサ『ドキュメンタリィ映画』は、再版である。最初の刊行情報は次の通り。ポール・ルータ（翻訳：厚木たか）『文化映画論』第一芸文社、一九三八年

＊17　関根弘「黄色いタンカ─事実を見る眼」『記録映画』３（９）、教育映画作家協会、一九六〇年九月、pp. 4-5
右に同じ。松本俊夫「政治的前衛にドキュメンタリストの眼を」、pp. 28-30・33

＊18　「提案」『第七回定例総会議案書』、教育映画作家協会、一九六〇年一二月二八日、p24

＊19　註18に同じ。

＊20　会報No.69に報告が掲載されている。「各企業の実状と職能組合に対する意見─七月十九日懇談会」『記録映画作家協会会報』69、記録映画作家協会、一九六一年八月一日、p1

＊21　事務局「職能組合についてのプラン─一九六〇・九・十（第一次案）」『記録映画作家協会会報　資料』、記録映画作家協会、一九六一年九月一二日

＊22　「世界の実験映画を見る会」は第五回の開催日が明らかではないが、時期的に見て第四回と第六回に挟まれている一一月の「高林陽一作品発表会」が、「世界の実験映画を見る会」の第五回として開催された可能性がある。

＊23　開講に合わせて、次の冊子も発行された。『第1回　8㎜映画講座リフレット』、記録映画作家協会、一九六二年九月

＊24　製作運動部『戦後の記録映画運動からの素描』、記録映画作家協会、一九六二年

＊25　松本俊夫と木崎敬一郎の論争は、次のように展開した。
木崎敬一郎「前衛エリートの大衆疎外─記録映画運動の大衆的現実について」『記録映画』５（１）、記録映画作家協会、

一九六二年一月、pp. 24-26

＊26 松本俊夫「大衆という名の物神について」『記録映画』5（2）、記録映画作家協会、一九六二年二月、pp. 19-23
木崎敬一郎「芸術の前衛に於ける大衆不在」『記録映画』5（5）、記録映画作家協会、一九六二年五月、pp. 18-21
下記の記事に表れた批判がこれに該当する。
無記名「停滞と前進」『文化評論』1、日本共産党中央委員会、一九六一年一二月、pp. 65-70
無記名「日本映画の無思想の思想」『文化評論』3、日本共産党中央委員会、一九六二年二月、pp. 91-94

＊27 事務局長（楠木徳男）「協会は一部の者のための組織ではない―職能組合の議論に寄せて」『記録映画作家協会会報』85、記録映画作家協会、一九六三年四月二五日、pp. 1-3

＊28 「これまでの運営委員会での討論の要点」『記録映画作家協会会報』88、記録映画作家協会、一九六三年九月一九日、pp. 4-6

＊29 花松正卜・高橋昭治「職能組織と芸術運動に関する至極初歩的な原則について―作家協会の「危機」克服のためのささやかな提案」『記録映画作家協会会報』89、記録映画作家協会、一九六三年一一月五日、pp. 1-6

＊30 註29に同じ。東陽一「記録映画作家協会論のためのノート」、pp. 7-8

＊31 定例総会の採録は次の通り。「議事録」『記録映画作家協会会報』90、記録映画作家協会、一九六四年一月二〇日、pp.2-9

＊32 かんけまり「修正主義者とのたたかいの経験―記録映画作家協会第十回総会をめぐって」『アカハタ』四八三一、日本共産党中央委員会、一九六四年三月八日、p. 8

＊33 山形雄策「混沌と抽象への勧誘―映画作家の現状と周辺」『文化評論』30、日本共産党中央委員会、一九六四年四月、pp. 120-125

＊34 常任運営委員会「作家の権利と社会的責任」『記録映画作家協会会報』92、記録映画作家協会、一九六四年三月二五日、pp. 1-3

＊35　註34に同じ。黒木和雄「青年の問題について」、pp.4-6

＊36　運営委員会「黒木問題についての報告」『記録映画作家協会会報』94、記録映画作家協会、一九六四年六月一七日、pp. 1-2

＊37　この原稿は会報No.94には掲載されなかったが、後日、次の冊子に収録された。黒木和雄「再び「青年」の問題について」『あるマラソンランナーの記録事件の真実』、真実編集委員会、一九六四年七月、p85

＊38　註37に同じ。この冊子の発行は、三三名の作家らの連名による「真実編集委員会」によるものとされ、責任者は藤江孝、連絡先住所は青の会の名義になっている。寄稿者・発言者の一覧は次の通り。
黒木和雄・東陽一・西江孝之・藤江孝・大島辰雄・土本典昭・大島渚・東陽一・大津幸四郎・杉山正美・野田真吉・渡辺重治・平野克己・泉田昌慶・長野千秋・大沼鉄郎・岩佐寿弥・加藤一郎・松本俊夫

＊39　また、註37で述べた通り、会報No.94に掲載するために書かれた黒木の原稿と、会報に投稿されたが掲載されなかった岩堀喜久男の原稿も資料として収録されている。いずれも未公開のままであった。岩堀喜久男「幽霊もの申す」、pp.86-88
徳永瑞夫「分裂の策動に反対する―協会規約綱領の精神」『記録映画作家協会会報』96、記録映画作家協会、一九六四年一一月二〇日、pp. 34-39

＊40　『記録映画作家協会運営委員会の罪状を告発する』、運営委員会の罪状を告発する会、一九六四年一二月と推定。

＊41　阿部博久・安藤令三・飯村隆彦・池田元嘉・梅田克己・大沢健一・大島辰雄・大林義敬・大沼鉄郎・川島寿一・熊谷光之・黒木和雄・小泉修吉・康浩郎・小谷田亘・佐々木守・佐藤みち子・杉原せつ・杉山正美・田中学・田部純正・辻功・富沢幸男・苗田康夫・中川すみ子・長野千秋・二瓶直樹・野田真吉・波田慎一・肥田侃・平野克己・藤原智子・二口信一・前田庸言・松尾一郎・松川八洲雄・松本公雄・松本俊夫・間宮則夫・丸山章治・三上章・光井義明・安井治・山川治・山口淳子・渡辺大年『声明』、一九六四年一二月二七日

感性の記憶をみる ―『記録映画作家協会々報』解説―

佐藤 洋

1 映画日記のおどろき

『記録映画作家協会々報』（会報）は、教育映画作家協会（作協）の事務局が作成し、一九五五年三月七日から毎月、会員に向けて配布していた内部資料である。(1)

二〇一六年五月、会報の読解作業に本腰をいれはじめた頃、ふと思いついて、ジョナス・メカスの *Scrapbook of the Sixties* と *Movie Journal* を読みかえしはじめた。(2) 連想が働いたのはメカスの映画日記が会報と同時期に書かれていたことと、会報の日記的性格のためだろう。メカスがＮＹ発行の『ヴィレッジ・ボイス』誌にコラム「ムービー・ジャーナル」を書きだしたのは一九五八年一一月一二日。それから隔週、メカスが見聞きした映画や人、音楽や舞踏のことを日記の形式で紹介していく。これらの映画日記は、一九五〇年代から六〇年代にかけて、アメリカで新しい映画表現が生まれつつある時の、その息づかいを感じさせてくれる。

映画日記は、映画や音楽といった表現が、それを生みだした人々、それにふれた人々の生にとってどんなものであったのかを伝える。日本でも『キネマ旬報』誌、詩誌『凶区』、映画誌『Lumiere』の日録が、当時の映画現象を感じさせてくれて美しい。一九六六年五月「三日　天沢一七時東京発のひかり号でゴダールに車中インタビュー、名古屋でトンボ返りして二二時半には帰京！鈴木は艦褸の会を撮った8ミリフィルム「記憶は迷走する」を編集」。一九八八年四月「一六日『となりのトトロ』（八八）京都宝塚／出来た！日本でも不思議の国のアリスが！[3]」といった具合に。

天沢退二郎とゴダールが新幹線で話している経験が、鈴木志郎康の映画と同じ日にあったことを想像するのは、思ってもみない発想で刺激的だ。『となりのトトロ』を見た刹那に不思議の国のアリスを連想した想像力が京都にあったことも、おもしろい。

日記のおもしろさを、書かれた当時の息づかいが感じられることにある、と私は書いた。では息づかいとは何かを考えてみると、それは、今では忘れられてしまっている感覚、その感覚を支える関係性を思いださせることだろう。鈴木によって個人映画が生成されることと、天沢とゴダールの関係性。『となりのトトロ』が神話じみた人気をつくりあげる最中に、不思議の国のアリスが連想された感覚。忘れられた関係性と感覚を日記がよびさまし、いま私たちが常識としていただいている、知識と感性のあり方をゆさぶってひろげてくれる。ここに日記のおもしろさがある。

『記録映画作家協会々報』もまた、ドキュメンタリー映画製作者たちの月々の仕事ぶりと思いを載せて、日記的性格を強く持つ。たとえば、一九五八年一二月、新理研を退職した松本俊夫が、松川八洲雄宅の物置きに転がりこんだことが住所変更欄に書かれている[4]。その経験がすぐあとにつくる『春を呼ぶ子ら』や『安保条約』と無関係だと誰が言いきれるだろう？　会報にも忘れられた関係性と感覚が記されている。そこに魅力がある。

2　一九六四年を飛びこえる

そんな会報の内から、このたび復刻再版するのは、一九五五年三月一日の作協結成を記したNo.1（一九五五年三月七日発行推定）からNo.96（一九六四年一一月二〇日発行）までの期間に発行された、号外・議事録やビラを含めた作協関係の全内部資料だ。

作協は二〇一六年現在も『記録映画』というタイトルで会報の発行をつづけている。[5] №97（一九六五年四月一五日発行）から№107（一九六六年七月一五日）までは、新聞型に判型をかえたヴァージョンで発行。冊子タイプにもどした形で、臨時号（一九六六年一二月二〇日発行）から現在までを基本的に月ごとに発行、途中で誌名を『記録映画』へと変更し、現在では季刊ペースで発行している。

№97以降にも、作協の活動をしめす資料はもちろん、川本博康・菅家陳彦・大村英之助・村治夫・坂斎小一郎たちによる、ドキュメンタリー映画史に関する重要な思い出話、あるいは谷川義雄・牧野守たちがドキュメンタリー映画史研究を掲載している。それらも見すごされてはいるけれど、映画研究の大切な手がかりである。しかし、今回は一九六四年一二月二七日に四六名の会員が集団で脱会し、作協とその発行物の性格が変質するまでの期間を、第一期会報と位置づけて、復刻の対象にした。

なぜなら、この時期の会報は、これまで考えるのが難しかった、一九六四年末におきた作協の分裂という問題に向きあう、大切な手がかりになるからである。[6] 一九六四年三月から、会報には、黒木和雄監督作品『あるマラソンランナーの記録』の上映・編集をめぐって、時に口ぎたないほどの応酬がつづられている。この争いは、基本的には映像作家・黒木の権利と映像作品の美学をめぐるものではあったのだけれど実は、一九六一年七月発行の№68から「職能組合」案の形で、会報上に見えかくれする、日本共産党の方針をめぐる論争と結びついた争いだった。論争のすえに作協をはなれたのは、共産党の方針に批判的な意見をいだく人がほとんどだったのだ。ゆえに、一九六四年末におきた作協の集団脱会騒動を、ドキュメンタリー映画界の新旧左翼の分裂、と見なす解釈が通用してきた。この騒動を本復刻の区切りとした。

当事者には、分裂という解釈に反感をおぼえる人もいる。が、その反感は騒動後の作協が変質したとは考えない解釈に根ざしたものであって、集団脱会を許容するものではない。つまり、作協になじまない人達が勝手に出ていったのだから分裂ですらない、と脱会者たちとの関係を断絶する反感で、事実、その後は双方がたがいの活動を無視しあって五〇年がすぎた。二〇一六年現在までずっと、ほぼ没交渉のまま、彼らがつくりだした映画も、たがいに関わり合うことのないものと見なされてきた(7)。

しかし、復刻の対象とした一九六四年以前の期間には、彼らは、ともに語り合って、ドキュメンタリー映画、ニュース映画、実験映画というジャンルをつくりあげていた。六〇年間みすごされた映画の関係性が会報には記されている。今回の復刻は、分裂の実態をあますところなく読みとり、その実態を考えることを可能にする。だが、当事者たちのほとんどが、この世界にはいない今、歴史の高みから騒動を裁判することに大きな意味はない。大切なのは、分裂という解釈をこえることで、一九五五年から一九六四年までの期間、あるいはそれ以前・以後の、ドキュメンタリー映画、ニュース映画、実験映画がどのように運動していたかを、あたらしく発見する方法が期待されることだ。

一九六四年におこった決定的な断絶を飛びこえることは、日本の映画史における新旧左翼分裂の映画的な意味を考え、それを含みこんだ想像力をきたえる。それ以後の会報にはない、そんな関係性と可能性が第一期会報には記されている。これが、復刻を一九六四年末までに限った理由である。

3　政治主義という解釈の再考

もちろん、復刻の内容を編集する際に、№97以降の会報も同時に再版することも検討した。だがやはり、№96までの会報の性格と一貫性をたもつには、映像芸術の会および『映像芸術』誌等の発行物、フィルム・アンデパンダン、草月アートセンター、アンダーグラウンドシネマテーク、小川プロ、東プロ、青林舎といった作協をはなれた人々の動向をも視野に入れる必要がある(8)。一九六五年以降、第一期会報が内包していた映像と言説の動向は、四方八方へと拡散していき、いちどきにとらえることが難しく、作協会報だけでカバーすることは出来ない。

けれど、復刻とはいっても、会報は内部資料、一般に流通していたわけでもなく、古書市場に登場することも皆無の資料。初めて広く人目にふれる。日本のドキュメンタリー映画史の研究者であっても、未見の方が多い幻の資料である。その性格を考えて、より多面的に会報の性格を考える工夫をこらした。

そこで、作協の前進団体と位置付けられてきた、記録映画教育映画製作協議会（協議会）の関係資料も復刻の対象にした。協議会が発行した『記録映画教育映画製作協議会ニュース』および、協議会が製作・協力したとされる映画作品の関係資料を、収集できる限りですべてのものを収録した。協議会の性格上、政治・労働運動の資料と不可分な内容の資料が多く、すべてを収録しては膨大な量になるので、映画に直接関係する資料に対象はしぼった。

会報は、作協事務所および関係者、川崎市市民ミュージアム、コロンビア大学図書館、松本俊夫旧蔵資料、佐藤洋所蔵資料と、考えられるだけの所蔵先を調査したので、資料の網羅性は自負できる。それにくらべると、協議会資料は、川本博康など当時の協議会関係者に協力はあおいだが残存資料が皆無で、佐藤が収集していた資料に採録対象は限られ、収録範囲の精度はひくい。[9] これらの資料が呼び水となって、今後の研究と資料収集の高まりを期待するにすぎない。[10]

それでも、協議会資料を復刻するのはそのミステリアスさゆえである。日本の左翼文化史の流れのなかに位置づければ、第一期会報は、雪どけの時期の産物だと解釈できる。すなわち、一九五五年七月二九日の共産党第六回全国協議会（六全協）をキッカケに、文化運動に統制的な共産党の体質が弱まり、多面的な活動が花開いた。その時期に第一期会報は発行されている。安部公房や花田清輝を先導にして、刺激的な作品が共産党の関与のなかで生まれた時期だ。その機運が、一九六一年の第八回党大会を機に、共産党の文化運動がふたたび統制体質をつよめるにつれて弱まった時に、第一期会報は幕をとじることになる。[11] 会報に記された考えと活動の多様さは、考えるべきところは多いけれど、大雑把にまとめれば、雪解けの時期のものだと解釈できる。

対して協議会の性格は、より混沌としている。協議会が活動した時期の文化運動は、安部公房のサークル活動など、ここ一〇年ほどでやっと研究が進んできた。その解明が遅れたのは、一九五〇年代前半の左翼文化活動は共産党の指導にひきまわされた誤ったもの、という認識が定着していたことに一因がある。六全協で自己批判された一九五五年七月時点で、「誤り」という認識は定着し、その後、かえりみられることが皆無だった。作協を出た人たちはもちろん、作協にのこった人たちもまた、五〇年代前半の活動を、思い出すことすらほとんどしなかった。

五〇年代前半の共産党の文化政策は、文化運動をになう人々に強力に作用している。映画分野では、国民映画運動という政策がさだめられ、劇映画の独立プロ運動、それを支える観客の映画サークル運動を指導する指針となった[12]。植民地化された日本民族を解放する運動を活性化する道具として、映画を利用するというのが政策のポイントである。協議会の映画作品も、国民映画運動政策のもとで製作されていたことが、アナウンスメントの言葉づかいと編集に明確に読み取ることができる。

たとえば『京浜労働者』はパン撮影にとんだカメラワークによって、ショットにひきつける所はある。それが、アメリカの「植民地化」の動きから「日本民族」を解放する、といった国民映画政策の文言通りのナレーションにもとづいた編集によって紋切り型の表現になり、ショットの魅力は半減している。『日鋼室蘭』など他の協議会作品も、団結と統一の正当性を訴えるアナウンスメントが全編をつらぬき、団結と統一を象徴するように感じる図像をアナウンスメントに当てはめる製作の特徴を持っている。そこに、政治的な運動に役に立つ武器として映画を利用する、という国民映画運動政策のコンセプトが製作の基調音となっているさまを、まざまざと見てとれる。その点を、政治に従属した映画のあやまり、と批判する論調が、会報や『記録映画』誌の中で定着した。

協議会の曖昧さのミステリアスな魅力は、そんなところにはない。たとえば、映画は、文学や演劇や美術にくらべて、軽視されていた。その軽視は、映画人への共産党による統制の、相対的な弱さにつながってもいた。文学の分野で顕著だった、国際派と所感派の対立といった政党的な派閥争いは、今村太平の除名処分をのぞいては、映画分野ではなかった[13]。それなのに、プロキノ来のショットづくり・編集方法を踏襲して、すすんでプロパガンダ的な映画作品を製作した映画人たちのメンタリティーには、分析の余地がある。彼らの心が、作協とどうつながり変化しているかを判断するには、資料も考察も少ないが、これからの課題である。これが不完全ながらも協議会資料を復刻再版する理由である。

4　ニュース・ドキュメンタリー映画の普及　一九三二～一九五二年

書誌的な報告はこれくらいにして、協議会ニュースおよび会報がおかれた時代の映画について、つづっていこう。今回の資料が対象とする、ドキュメンタリー映画やニュース映画が広く日本に暮らす人々の日常に定着したのは、テレビ機器の普及を通してのこと。つまり一九五九年から六〇年以降の出来事である。それまではドキュメンタリー映画はもちろんニュース映画もまた、普通の人の生活からはすこし遠いものだった。

もちろん、両ジャンルの映画の確立は一九三〇年代前半、トーキー普及期にさかのぼる。トーキー技術によって社会情勢などについての抽象的な情報を、アナウンスメントと字幕で映像にオーバーラップさせることが簡単になった。この技術革新が、事件や社会現象、事実や科学的な分析といった、映像化できない抽象的・文字的な対象をふくんだ、映像ジャンルを確立させる。一九三二年に日本でニュース映画の製作が定期化したことはその象徴である。

この流れを決定的にした出来事はニュース映画・ドキュメンタリー映画・アニメーション映画を専門に上映する文化ニュース劇場の誕生だ。一九三五年一二月三〇日に、日本で初めての文化ニュース劇場・日劇地下第一劇場が有楽町に誕生して以来、またたく間に日本全国の都市部に建築がすすんだ。ここで初めて、それまで劇映画の添え物として散発的にしか上映されていなかったニュース映画やドキュメンタリー映画が、常にみられる場所が日本に生まれたのである。「文化映画」という当時のジャンルの呼び名が象徴するように、映画をつうじて国民・市民であるために必要な「文化的」知識を観客にあたえることが、ドキュメンタリー・ニュース映画に期待された機能だった。

その後、日中戦争が激化、第二次世界大戦が勃発するにあたって、日本帝国がドキュメンタリー・ニュース映画の統制を強化したうえで、全国の上映館で上映を制度化したことは、両ジャンルが国民に深く浸透する大きな機会になった。

だが、敗戦とともに、ニュース・ドキュメンタリー映画が映画館で上映される制度は撤廃され、上映の機会は激減する。製作者にとってそれは、仕事が減ることを意味し、観客にとっては日常から両ジャンルの映画が遠ざかることを意味した。

その結果、戦時中に人員が増加したニュース・ドキュメンタリー映画会社は経営の危機におちいり、一九五〇年ころまでに、ほとんどの会社が倒産を余儀なくされる。倒産した会社から解雇されたドキュメンタリー・ニュース映画の製作者たちは、肩をよせあって、それぞれの集まりをつくる。たとえば、最大の企業・日本映画社を解雇された社員たちは日映作家集団・日映技術者集団という集まりをつくり、移動映写によってお金をかせぎながら、映画づくりの道を模索する。彼らが一番の母胎になって、同様に失業した人々を主体に結成したのが、記録映画教育映画製作協議会である。

5　一九五二年の転換と停滞

記録映画教育映画製作協議会は、一九五三年四月一〇日に結成された。結成の一番のキッカケになったのは、一九五二年五月一日のメーデーを撮影した映画の経験である。メーデーのデモで皇居前広場へと行進した人たちと警官隊が激突し、発砲・流血の事態をまきおこしたことは、新聞各紙と各ニュース映画がつたえた。しかしそれらの報道の主張が、デモ隊を暴徒、共産党の陰謀と形容しがちだったことに対して、皇居前広場の使用は権利、との解釈をアナウンスメントで知らしめることが、映画『1952年メーデー』の一つの特徴だった。(14)

メーデーをあつかった各社ニュース映画でさえ、五月八日に封切られたタイムラグを、「間が悪い」と評されるなか、『1952年メーデー』は録音未完成の状態でようやく五月一七日に名古屋で、五月二〇日に東京で上映されたにすぎない[15]。タイムリーな報道が喜ばれたのではない[16]。喜ばれたのは、ずっと禁じられてきた共産党の見解を表現したことだ。当時は共産党の『赤旗』誌もようやく発刊が再開し、それも日刊ではなかったとき。『平和と独立』誌等の非合法の新聞・雑誌が共産党を核にして発行され、オルタナティヴ・メディアを形づくっていた時期である。一九五二年四月に占領から独立し、占領下の言論・情報統制を少しずつ遠ざける状況で、統制された映像を開示することが、「事実・真実」の表現として尊ばれていた。

たとえば、占領軍が統制した原爆の被害映像を、一九五二年八月にようやくニュース映画が報道した事実はその事態をあらわしている[17]。国家が統制した映像を開放することに、オルタナティヴ・メディアの機能が期待されていた。占領状態からの解放を期に、映画に対する国家的統制が弱まったことで、そんな期待にこたえる映像が表現しやすくなったのだ。その転換点が一九五二年だった。『1952年メーデー』は転換点を象徴する映画だった。

だが、国家統制を開示した映像を表現することそれ自体が「事実・真実」の表現にはならない。それにも関わらず、国家統制がなくなった状態で、何をどう表現するのが大切なのかはすぐには議論されなかった。それまで通りに国家による映像統制を開放するような映像を表現すること、それ自体が重んじられた。国家的表現は嘘（虚）であり、それに抗する真実の表現が未来への展望をひらくと信じる虚実二項対立の発想が、ドキュメンタリー映画とニュース映画にまとわりつづけた。一九一七年来三五年、国家に統制されてきた映像に対する習慣は、すぐにはかわりようがなかったのだ[18]。

たとえば亀井文夫が監督した二本の映画に対する反応を比較することで、その事情はハッキリする。二つの映画は対照的な表象であるにも関わらず、国家によって上映を禁止された共通点によって、同様に真実を表現した映画と評される傾向を持っていた。その受容のメンタリティーに注目したい。

一本目は『戦ふ兵隊』（一九三九年完成）。この映画がつくられる頃に整備がすすみつつあった映画法による統制は、日本帝国の願望の鋳型へと、映画の表現／虚構性を変形する制度だった。つまり、戦争の勝利と正当性をアナウンスメントで鼓舞することが映画に求められていた。そんな虚構性の魅力のなさに辟易した亀井文夫は、鋳型の範囲内で、たくみに自身のイメージを表象した。亀井は、アナウンスメントをあえて排し、同時録音によって、現実の似姿をカメラでうつしとる工夫を『戦ふ兵隊』にこらしたのだ。自分の意見を表明することが制限されていて、しかもアナウンスメントが戦意を高揚する帝国的虚構を肥大させつづける状況下では、アナウンスメントが変形しきれない、現実の似姿を映像で再現してアナウンスメントに対置することが、批評的で魅力に富んだ虚構を表象する数少ない方法だった。カメラの前にある対象を同時録音で正確にうつしとる表現という意味では、『戦ふ兵隊』は「事実」をうつしとったゆえに、豊かな虚構性を表象した[19]。

だが『戦ふ兵隊』と対照的なつくられ方をした『日本の悲劇』（一九四六年完成）に対しても、権力が封じた「事実・真実」を表現したと、『戦ふ兵隊』と同様の賛辞がおくられたことにポイントがある[20]。『日本の悲劇』は、戦時中の日本ニュースに、新しくアナウンスメントを重ねて再録音している。それは日本ニュースが事実とはことなる嘘を表現してきたことを暴露するアナウンスメントなのだが、後に山根貞男が批評した通り、『日本の悲劇』版アナウンスメントもまた、亀井と吉見の考えの表現であり、もともと日本ニュースにつけられていたアナウンスメントと、どちらが事実性が高いかを判断する基準は映画のどこにもない。どちらもプロパガンダでありえる。しかし当時から、亀井たちの編集とアナウンスメントは『戦ふ兵隊』と同じ「事実・真実」の表現として賞賛されつづけている[21]。

この比較から考えられるのは、期待されていたのは、現実の似姿を忠実に表現する「事実」性の表現の如何などではなく、国家が統制し強制してきた映像を開放する映像が「真実」ゆえに確かであると信じる信仰だったことだ。何がどう表現されているのか、どんな映像表現が尊いのかは、あまり議論されなかった。あったのは国家統制がおしつける嘘（虚構）を暴露する、事実・真実の表現こそが尊いと発想する、虚実二項対立の思想だった。そして協議会に参加する人たちの多くが真実だと信じたのは、彼らや観客たちの心情にかかわりなく、共産党の存在だったのである。だからこそ『1952年メーデー』は、ドキュメンタリー映画としては例外的に、各地の映画館で散発的ではあっても上映され、移動映写ではプリントの貸し出し率も高かったという。一部の観客たちは国家的統制を開放するような映像を、特に共産党の見解と権威を表現するような映画を、「事実・真実」と尊んで求めた。その上映と反響の経験が、失業していたドキュメンタリストたちを刺激したのである。[22]

6　ニュース映画館という窓がひらく

しかし、一部の観客たちがニュース・ドキュメンタリー映画に「事実・真実」を求めたとしても、一九五二年当時は、映画館でドキュメンタリー映画が上映されることは少なかった。上映される作品のほとんどは、映画館外で映写される社会・学校教育作品で、一般の人がふれる機会は限られていた。[23] 外国でつくられた映画作品も輸入制限がかけられ、短編映画は劇映画との併映が義務づけられた上で、一九五二年度には一〇四本の輸入が許可されただけだった。短編映画の内にはドキュメンタリー映画ばかりではなく、劇映画と漫画映画もふくまれていたので、外国ドキュメンタリー映画の輸入本数はきわめて少なかった。外国ドキュメンタリー映画が日本のドキュメンタリー映画製作に刺激をあたえる機会も制限されていたのである。[24]

それでも、一九五一年一二月、占領の終結にともなって、外国映画の輸入・上映を事実上統制していたセントラルが解体し、外国映画の輸入・上映の自由化の道がひらけだしたことは、ドキュメンタリー・ニュース映画に新しい風をふきこんだ。その象徴が、ニュース映画館の復活である。

戦時下の強制上映制度等の映画統制政策が、その特色を消し去ったため、文化ニュース劇場は一九四一年から一九四五年の間にほとんどが廃業した。[25] しかし、文化ニュース劇場の記憶は人々にのこっていた。たとえば、一九五二年七月五日、『朝日新聞』に投書した稲田陽子は、劇映画に併映されるニュース映画をわざわざ見に行くのは大変だから、気軽に安い値段でニュース映画だけが見られる場所が欲しいと、ニュース映画館の建設を訴えている。[26]

この願いは、セントラル解体にともなって、外国ニュース映画の輸入種類が増加、多社の作品が上映できるようになったこと、[27]倒産した日本のニュース映画会社が、新聞社をスポンサーにしてのニュース映画製作の体制を再建したこと、この二つの事態を背景にしている。

上映できるニュース映画の種類が増えたので、一九五一年末から、日曜日や早朝に、ニュース映画やドキュメンタリー映画の特集興行を組む機運が各地で高まり、東京で一九五二年四月二五日に三原橋地下にテアトル・ニュース劇場が開業したのを皮切りに、次々と各都市にニュース映画館が建設されていく。[28]これは日本独立の映画的なあらわれの一つである。

ニュース映画館で上映されたのは、各社の五本程度のニュース映画が主で、それに漫画映画とドキュメンタリー映画がそれぞれ一～二本ずつ併映される形だった。上映されるのは、外国漫画映画・外国ドキュメンタリー映画が主で、日本製の作品はあまり上映されなかった。それでも、人々がドキュメンタリー映画にふれる機会が増え、日本製の作品が見たいという声もあがるようになっていた。より多くの映像による事実の表現にふれたいという観客の期待が、ニュース映画館の暗闇の中で次第に高まっていったのである。そこで何種類ものニュースとドキュメンタリーにふれることで、オルタナティヴィティーに求める期待はふくらみつつあった。その期待は虚実二項対立の発想をこえていく。協議会結成の背後には、こんな観客たちの存在があった。

『1952年メーデー』は、占領下の情報統制を相対化すると共に、映画館で広く一般の観客がドキュメンタリー映画をみる、という一九五二年当時の期待にはこたえたもので、この作品にならって映画『京浜労働者』が企画され、同様の映画づくりを持続するための集まりとして、記録映画教育映画製作協議会が結成されたのである。

7 「社会的」な表現への信仰

協議会は観客の期待に答えられたのだろうか。イエスとは言いがたい。協議会につどった人々は、日映作家集団のほかに、東宝教育映画株式会社を解雇された人たちが中心の新映画作家集団など七団体である。その特徴は一九五〇年前後に倒産・解雇されたドキュメンタリストたちがよりあつまってつくった集団が結集していることにある。

彼らは、プロキノと労働組合映画協議会という左翼的な映画運動の表現スタイルを踏襲した。だから、国家が表現を統制してきたような、共産党や総評が中核をになう政治・労働運動を主題に映画づくりを進めたのだ。労働運動を主題にした『京浜労働者』『日鋼室蘭』、青年運動を主題にした『土の歌』、民科（民主主義科学者協会）が中心になった文化運動を主題にした『月の輪古墳』は、天皇制の神話物語を考古学的な調査によって批判する目的をもってつくられている[29]。在日朝鮮人の運動を主題にした『朝鮮の子』の製作にも協力した[30]。

いずれの映画も、字幕とアナウンスメントによって運動の正当性を知らしめる作品で、のちに作協の研究会のなかで、政治運動に従属した作品と批判された。当事者たちの思い出によれば、映画づくりのプロセスの中で、運動の当事者たちと知り合い、彼らを鼓舞することができれば、映画は出来なくてもいいとすら考える風潮があったのだ。この発想からは、共産党の映画政策がさだめる目標に向かって運動を組織・鼓舞していくことに映画の機能が期待されていたことがわかる[31]。プロキノと労映から踏襲した運動・表現スタイルは、政策にしたがう映画づくりの方法によって伝承された。そこからつくりだされたのは、観客の広がる期待に答える映画ではなかった[32]。

だが、注意すべきは、協議会のメンバーたちは、協議会作品と並行して、いくつもの映画作品をつくってもいたことだ。その中には、協議会作品とは性質のことなる魅力ある表現もある。京極高英監督作品『西の果てに』は、長崎五島列島に住む人の貧しい生活を表現した映画で、製作当時から羽仁進監督作品『教室の子どもたち』とならび評されるほどの魅力をほこっていたが、現在ではかえりみられることもない[33]。これは、協議会作品への低い評価が、協議会メンバーたちが同時期につくった、政治的・社会的な主題をあつかった作品へと派生している誤解の結果でもある。

この誤解は協議会の性格にも根ざしている。すなわち、協議会は、政治運動の中に映画製作委員会を形づくり、その委託を受けて協議会メンバーが製作を担う、という映画づくりの仕組みを定着させた。なぜなら、協議会はお金がなかったからだ。協議会メンバーたちは、フリーランスで仕事をし、PR映画あるいは教育映画一作品ごとにプロダクションと契約して、映画をつくっていた。それでも個々の生活すらままならなかったというから、協議会の財政状況がよくなかったのは当然だ。そこで製作委員会方式の映画づくりがおこなわれた。協議会ではなく製作委員会が製作主体になって財政的な責任を負うので、協議会メンバーが、他の団体やスポンサーから受注してつくった作品が、社会的なテーマを主題にしている場合、協議会作品との区別がつきにくい。さらに、それぞれの映画作品のクレジット・タイトルを調べると、映画の製作は各運動の映画委員会が担い、協議会は企画や協力に名をつらねるだけで、しかも協議会の名称も「記録教育映画製作協議会」などマチマチになっている。協議会の実態はかなり曖昧なものであったことも、このクレジットからわかる。この仕組みと実態が、協議会の存在を不明瞭にする要因になっている。

その不明瞭さゆえに、協議会作品の主たるつくり手だった吉見泰や野田真吉、京極らが関わった政治的・社会的な主題の他社の映画作品を、協議会作品と記憶違いすることが、当事者たちが協議会の思い出を書き始めた頃にすでにはじまっている。誤解には、社会的・政治的主題をテーマにした映画＝協議会作品と誤解する特徴が指摘できる。たとえば、協議会作品＝「誤り」という評価を確立する大きなポイントになった野田真吉と松本俊夫の対談がある[34]。彼らは、記憶のままに協議会作品を列挙して、政治運動に従属した「誤り」を指摘するのだが、今回収録したような協議会資料に照らし合わせてみると、実際には協議会がほとんど関与していないフィルムもふくまれている。たとえば、吉見泰脚本、京極高英演出の『米』は第一映画社の製作で、協議会結成以前の作品だが、後に協議会メンバーになる人たちが映画政策にしたがって南佐久の農民運動を主題にしたので、協議会作品と誤解されがちである[35]。協議会の結成が四月、『米』の完成が五月一五日と、結成後の完成であることも、記憶違いの要因だろう。事実上、吉見や京極ら協議会メンバーが共産党映画政策にしたがって映画をつくっているのだから、『米』と協議会作品の間に大きな違いはない。ポイントは、社会的・政治的主題をテーマにした映画作品のすべてを協議会作品と混同して誤りと評して排除してしまう傾向をその誤解がはらんでいることだ。

もちろん、政策にしたがって、ショットを演出し、フィルムを編集し、アナウンスメントと字幕をつくった協議会の映画は、今も当時も、観客の心に響く表現をつくりだせなかった。その意味で協議会作品は誤ったかもしれない。ただ他方で、協議会作品をつくった野田真吉や京極高英は、協議会作品と並行して、『西の果てに』のような魅力的な表現をつくってもいる。そのフィルム間の関係を表現の問題として考えることが、協議会作品と関係者たちのイメージを歴史化する手がかりになるのではないだろうか。彼らがどのような思いで協議会作品をつくっていたかを、新しく理解するには、協議会作品だけを見て解釈していては難しい。その後、彼らは、一九五四年から五五年にかけて何度も相談して、作協を結成して新しい映画運動をつくりあげていく。その芽が協議会のどこにあったのかを見つめる作業もまだなされていない。(36)

8　ジャンルのみなおし　一九五五年

教育映画作家協会は、秋元憲、吉見泰、野田真吉、羽田澄子、羽仁進らが、映画教育会館の会議室で一九五四年夏ころから相談をかさね、一九五五年三月一日に結成された。(37)発足当初会員は七〇名。協会の事務所がおかれた日吉ビルの四階は、もともとは、日本映画社を解雇された人たちが結成した日映作家集団の事務所で、協議会の拠点の一つでもあったから、日映から協議会の流れが作協のバックボーンであることに間違いない。

しかし、協議会メンバー以外に岩波映画社の羽仁進や羽田澄子らも相談の時点から集まっている。それには、共産党の関与を想像もさせるが、それよりも、ドキュメンタリー映画界には、劇映画界でおこったようなレッド・パージのしこりが残らなかったことが、企業内外のドキュメンタリストが気軽に集まれた大きな要因であることを忘れてはならない。

一九五〇年に、日本映画社の経営陣、渾大防五郎と加納龍一は、占領軍の要請をたくみにかわして、共産党員を解雇するレッド・パージを拒否し、思想とは関係なく企業整理をおこない、整理がすんだ後には、彼ら自身が退社した。[38] 彼らのような経営陣のふるまいが、作協が結成できた背景にはある。劇映画界では、東宝争議などでレッド・パージがなされたことで、企業にのこった側と解雇された側の間に、わだかまりがのこり、既存五社に対する対抗意識が根深く、教育映画作家協会のように企業内外の人たちが一同に決することは難しかった。[39]

そんな作協の自由な雰囲気は、六全協を期に、共産党が一九五一年にさだめた政策の誤りを自己批判し、映画政策にも空白期が生まれたことによって増幅された。協議会での映画製作の目的をさだめていた共産党の映画政策および、それを統括・指示する映画指導部が解体したことは、党が命じてきた映画製作の指針を空白にした。この空白期は一九五九年までつづく。[40] それまで党の指令を目的にして運動と映画を形成してきた協議会のメンバーたちは、あたらしく作協を結成して、そもそもなぜ映画をつくるのか、映画とは何か、という問いに向き合うことになった。一九五五年以後、作協が運動体と協力して製作する映画が激減するのは、空白期の象徴である。作協メンバーたちは習慣的につくってきた自分たちの映画ジャンルを見直す必要に直面したのだ。その討議が、作協内で結成された各種研究会で活発になされていることは、会報に読むことができる。ここに国家が強制する映画とは別の表現のうちで、どんな表現が大切なのかが、ようやく議論できる余裕が生まれたと解釈できる。

作協の動向に呼応するように、一九五五年にはドキュメンタリー映画の観客たちも変化しつつあった。ドキュメンタリー映画を一般の観客が見られる場が増え、観客のドキュメンタリー映画への欲求が高まったのである。東京駅の観光文化ホール、新宿伊勢丹で開催された朝日文化映画を見る会、京都記録映画を見る会など、映画館・自主上映ともに、ドキュメンタリー映画を見る場が増え、作協も観客の要望におうじた上映会や派遣講演をおこなっている。

9　映像の表現／芸術至上主義

ジャンルの見直しは、作協で一九五六年に活発になった自主的な研究会に見てとれる。一九五六年四月教材映画研究グループ、五月新人会研究会、七月シナリオ研究会、一二月記録映画研究会。動静欄からわかるように、会員たちはPR映画と教材映画をつくりながら、自分たちがつくっている映画のジャンル総体をみなおす議論をかわしている。自分たちが習慣的につくってきた、教材映画・科学映画・児童劇映画・記録映画などのジャンル全体を再検討し、自分たちがつくりたい映画とは何かが議論されている。この問いは空白期ゆえの根源的なものだ。[41] もり上がる議論を掲載したので、会報は、一九五六年四月三〇日号から次第にページを増やし、一九五八年六月の雑誌『記録映画』創刊にむすびついていく。

この時期の会員たちの語らいと仕事がもたらしたのは、一つにはPR映画の普及である。PR映画は、現在テレビで放送されるCM映像の原型だ。その製作方式は、一九七〇年の万博のころに、広告代理店が大きな力を持つようになって変質はしたが、日々われわれの目に飛び込んでくるPR映像が意識にもたらす影響について原点で議論されている。加納龍一や鶴見俊輔は、PR映画の浸透は、身近な話題から意識を遠ざけ、PRされた事柄に気持ちが傾く力をもたらす、と指摘した。[42] 会員たちもPR映画に不満をおぼえながら、対抗案は自分たちで企画・製作した映画をつくること自体に終始しがちで、どんな映画をつくるかはあまり議論されていない。目指されたのは「自主的な映画」だった。[43] たとえば、亀井文夫の映画は彼らの規範だったが、注目されたのは亀井の映画表現の特徴よりも、その自主的な企画・製作方法だった。

その論調にあたらしい発想を提起したのが会報No.31に掲載された、松本俊夫「作家の主体ということ」だ。松本はシュルレアリスム思想・表現を手がかりに、新しい表現形式をもった映画作品をつくり、製作の論拠となる文章を会報と『記録映画』に発表、各種研究会と上映会で活発に活動を展開する。会報に書かれている仕事と語らいは、もう一つ、シュルレアリスム的な映像表現の誕生をうながしたのである。松本俊夫監督『安保条約』（一九五九年八月完成）、黒木和雄監督『海壁』（一九五九年八月完成）などの映画作品によって新しい表現形式がもたらされた。

彼らの映画は斬新な映像表現に顕著な特徴があったから、発表当初から、わかりにくい・映像派・芸術至上主義と非難されがちだった。映像表現の実験をやるのはかまわないけれど、それは個人的な問題なのだから、作協のような運動体にはそぐわない、という意見も見られる。(44) 反発の多くは起こりつつあった映画の転換を、自分たちの映画観の中に位置づけきれなかった不理解にもとづいていた。会報にあらわれる反発関係を理解するには、転換の特徴を把握することが大切だ。

それまで、ニュース・ドキュメンタリー映画は、歴史画や王族画の伝統をひきついで、権威あるものをうつしとり、知らしめることに価値を見出してきた。皇族や議会、軍隊・財界をうつしたニュース映画はもちろん、プロキノから協議会にいたるドキュメンタリー映画がうつしてきた労働組合や共産党、デモ行進もまた、権威の似姿をうつしとったものだった。しかし、歴史画や王族画の伝統をマネや印象派の画家たちが揺さぶっていったように、権威あるものをうつし知らしめるドキュメンタリー・ニュース映画のスタイルも変容していった。その変容は、公的なものから私的なものへ、外部にあらわれる権威の写実的表現から、それぞれの内面にわきおこる感覚を表象する映像へと、表現を転換したと特徴づけることが出来る。この転換をひもとくポイントは美術映画の輸入である。

10　美術映画の輸入　対象とスクリーンの関係への注目

シュルレアリスム的映画表現が日本でつくられるにあたって、影響をあたえたのは、美術映画の輸入だった。映画館で上映される外国映画は制限されていたが、大使館などを通じて文化交流のために、非興行用フィルムとして輸入される場合は、輸入制限の対象外だった。この制度を利用して、欧米製の美術（ドキュメンタリー）映画は、一九五〇年代の日本で多く輸入・上映された[45]。

美術映画とは、基本的には絵画や彫刻あるいは画家を紹介する映画である。しかし、アラン・レネの美術映画とアンドレ・バザンの美術映画論は、美術を紹介する以上のことを、美術映画が表象できることを、日本に住む人々に実感させた[46]。

バザンやレネから受けた新鮮な感覚を最初に表現したのは、批評家の瀧口修造だ。彼は美術映画『北斎』を製作した[47]。瀧口は、どの絵を撮るかだけではなく、絵画をどのようにスクリーンに表現するかが美術映画の魅力である、とレネやバザンらから受けた刺激を説明する[48]。クロース・アップや移動撮影によって、北斎の浮世絵は作品自体とは違った様相を見せ、北斎の筆致から受けた驚きと感動を表象する、と。美術映画は、対象の画家と美術作品をうつしとるだけではなく、美術作品とは全くちがった表象なのだ、と。

一九五〇年代前半の日本で、美術映画が、撮影対象（美術作品）とスクリーンの関係に再考をうながした。美術映画は、スクリーンが現実（美術作品）の似姿にはとどまらないことを証明したのである。

では、美術映画が、美術作品の似姿にとどまらずに表現しているものは何か？　そこでスクリーンに表現されているのは、対象に反応する製作者の感じ方・考え方でもある、と発想を展開したのが松本俊夫だった。松本は最初は自転車、次には安保条約を対象に、展開した発想を映像で表象した。

松本は、ドキュメンタリー映画が、撮影対象についてのパターン化した知識を知らしめる表現に終始してきたことを、戦前・戦中・戦後に一貫する問題点であると考えていた。そんな表現の問題点は、吉本隆明と武井昭夫の「戦後責任論」を応用して、政党思想によってパターン化した知識に、現実をあてはめて表現してきた映画人の態度の問題として提起された。戦前は共産党、戦中は軍部政府、戦後は再び共産党の政策思想のパターン化した知識にあてはめて映画をつくってきたと批判がなされたのだ。その問題提起が会報No.31の「作家の主体ということ」である。[49]

政党思想によってパターン化した知識から、表現を解放する手がかりとして連想されたのが、美術映画だった。対象を紹介するだけではなく、対象をいかに見るかを表現する新しい美術映画。その新しさの魅力は、対象と向き合ったときの、演出家やカメラマンの心の反応が、スクリーンに表現されていることにある、という解釈が、松本が瀧口の美術映画解釈につけくわえた新しい理解だった。[50] この理解は、花田清輝や岡本太郎たちを通じて得られた、シュルレアリスム思想から練られている。むきだしの現実（オブジェ）に向き合うときに、糸口を見せる抑圧された本能。その「内部の問題」を表象することが、解放のプログラムであるとみる当時のシュルレアリスム思潮が松本の発想をささえている。[51]

撮影対象が、美術作品ではなく、自転車や動物、工場、事件、法案であっても、ドキュメンタリー映画は、対象をうつしとるだけではない。対象との関わりをどうスクリーンへと定着させるかが、製作者の「内部」を表現する方法であり、映画的表現の魅力を決定する、と考える発想が確立しはじめた。[52] その生成の機微が会報にはしるされている。

11　映画経験の祝祭的展開

松本の問題提起と映画作品は刺激的だった。直接には雑誌『記録映画』の創刊をうながし、野田真吉、西本祥子、長野千秋らは、松本と研究の集まりを持ち、会報上でもたくさんの上映会・研究会の活動が報じられている。会報と『記録映画』誌を読んで、会員・黒木和雄も松本からの刺激を胸に『海壁』『ルポルタージュ炎』をつくる。あたらしいドキュメンタリー映画表現だった。

会報とは別のところ、『芸術新潮』誌と集団「シネマ」、勅使河原宏、岩波映画で展開していた羽仁進、土本典昭、瀬川浩、鈴木達夫といった監督・カメラマンたちの映画表現も、会報での松本の発想と響きあった。

敗戦の経験は、国家や社会といった公よりも私生活を重んじる傾向を加速させていた。カメラの小型化とテレビの普及も、映像の製作と受容の規模を個人化させた。ショットを演出し、編集によってフィルムを操作する際に、国家社会の因習にしたがった、ステレオタイプ化した感性が働いていることに、疑いがいだかれた。そんな一般的な常識ではなく、私がどう対象とかかわっているか、撮影者と被写体の間にある、生理的な反応と関係性の表現に魅力が見出された。さらに、そうやって撮影されたショットをどのような方法で編集するかが、あらためて問われたのである。撮影者が自分の常識にあてはめて被写体を操作したり、そうして撮影したショットをステレオタイプな習慣にしたがって編集することに、疑いがいだかれだしたのだ(53)。

松本が、対象への反応を映像化する表現に活路を見出したことは、こんな時代の思潮と連動するものでもあった。しかしさらに、個人の感性に着目することは、映画経験を変質させる道をもひらいていった。そこに映画の転換を解釈するもう一つのポイントがある。たとえば、野田真吉は日本の祭りや民話への興味を深めていく(54)。あるいは、松本は、不気味さ残酷さといった感性の中に、人間が太古からいだいてきた感性の歴史とのつながりを見出す(55)。そんな風に、対象になぜか感じる反応の中には、無意識のうちに、太古の昔から人間がしめしてきた感性の歴史が象徴されている、という発想が広がりだした。感性の表現は、人間が動物からわかれ、無生物が生物へと変化する刹那から連綿とつづいてきた太古からの感性の記憶へと、表現者と観客の感性を導く。そんな映画表現に魅力が感じられるようになりだしたのである。

人間の内部にうごめく太古からの感性の記憶が、不可視なカメラの対象として注目されだした。会報には他方で、世界にうごめく目に見える事物をいかに役立てるか、いかに事物に有用性を見出すかという視点が掲載されている。ＰＲ映画は、建築物や商品が人間にとって有用で利益をもたらすことを知らしめ、運動映画は、人々の活動が政党の利益にいかに有用かを宣伝する、教育映画は子供や青年たちに社会に生きるのに役立つ有用な知識を知らしめる。だが、そのような有用性でははかりきれない、人間の太古からの本能を映像化する意識が、転換をもたらしつつあった。

会報で報じられる動静欄からは、会員たちが東京を引越しつづける様子が浮かび上がってくる。彼らの移動風景は、村や家族といった共同体が足早に変容していく象徴である。それは故郷喪失のあらわれである。故郷と呼ばれる外部の共同体を通じて、人間としての太古の記憶をたもてなくなった不安は、内部にある感性の歴史を通じて、生物として人間としてのあり方の指針を求める。その欲求に呼応して、内面にある深遠を喚起し体感する映画経験が、あらたに創造されつつあった。その映画経験は、祭りや花火、雷や流星、虹ににて、言葉や理性によって理解しきれるものではなく、感じ体感するものであった。映画によって有用な知識や考え方を身につけるだけではなく、映画にふれあうことで、一人一人の内部にある太古からの感性の深遠な歴史を喚起される経験が、映画に求められるようになりだしたのだ。

映画表現の展開は、映画経験の転換をも、もたらしたと解釈できる。会報は、そんな展開が生成する一つの場だった。映像の表現へのこだわりは、個々人の勝手な思いつきでも、不必要で過剰な装飾でもなかった。それは感性の表象であり、感性に象徴された人間と生命の記憶の聖なる表現だった。その聖性は外的な権威にかわって、人間が指針をえる根源として注目を集めだしたのである。

12 「社会的」な対象への反作用

しかし、映画表現と映画経験が転換することの「わからなさ」に拒否感をおぼえた人たちは多かった。松本の『安保条約』への反発には、それがとてもよくあらわれている。[56] 理性的な言語によっては統制しきれない感性の拡散に、恐怖をおぼえたのは共産党の首脳部だった。

作協をひとつの中心にして、映画をなぜつくるか？　映画とは何か？　そんな根源的な問いかけに向きあって、多様な表現様式／映画経験が生まれつつあった。その傾向に歯止めをかけたのは政党だったのだ。共産党の指導者たちは六全協後の雪どけの雰囲気のなかで生まれつつあった自由な雰囲気が、党が統制しきれない動向をも生みだすことを危険視した。そこで一九六一年に開催される第八回党大会に向けて、党の統一と団結を強めていくことを決定した。党の政策や指示を強め、それにしたがわないものを排除していく流れである。

このような方針と、人が対象に感じる反応を自由に広げていくような発想がそぐわないのは当然だった。安保条約反対運動をめぐる党の統制と党方針への批判が、雑誌『記録映画』一九六〇年九月号に発表されてから、作協で活発に議論されていた表現の問題は、党の方針に従うか否か、という問題へとすりかえられていく。

会報上では一九六一年七月の№68にあらわれた協会の職能組合案が、党の方針のあらわれである。[57] 党の方針争いを前面に出すことは避け、表現の問題ではなく、生活の問題を作協はつかさどる、そのためには、何より組織の安定が必要である、との論理だ。当初、ドキュメンタリー映画作家の労働組合・映演総連傘下の短編連合へと、作協を統合しようとする目論見もあったが、現実的に不可能だったので、職能組合として作協を機能させていく、という論調が強まっていく。作協は芸術集団ではなく、生活を守る職能集団である、という問題設定は、芸術派対生活派という対立図式を生みだした。しかし、この対立図式は、政党の指示への反応の是非をおおうカバーでもあって、言葉を額面どおりに受け取っては見誤る。そのことは会報の紙背を読むことで明らかである。

一九六四年二月の臨時総会で松本ら「芸術派」は主導権を失い、一九六四年五月二四日、作協とは別に「映像芸術の会」を結成して自分たちの活動を継続する場にする。[58] それから一九六四年いっぱい、松本俊夫と黒木和雄をリーダーとする映像芸術の会は、作協の分派組織として、内部から作協の改革をはかろうとしていた。その最大の争いが、黒木和雄監督作品『あるマラソンランナーの記録』の編集権をめぐって、作協の首脳部と映像芸術の会会長・黒木が対立したことにある。この対立を利用する形で、主として映像芸術の会会員である作協会員たちは、作協の主導権の奪回を目指すが、一九六四年九月一二日のシンポジウム、一二月二六日の臨時総会で敗れ、翌一二月二七日に集団で脱会した。[59] この対立の機微は、会報と映像芸術の会関係資料をあわせ読むことで明らかになる。[60]

率直に言って、こんなことが起きたのは、残念でならない。しかし、すぎたことだ。共産党の指導に反発するあまり、新しい映像表現を求めた映像芸術の会の人たちに、「社会的」な対象を主題にすることを避けがちな傾向が生まれてしまった弊害を指摘しておきたい。それは総評や共産党といった政党的な集まりと、作協を離れた人々が距離をとらざるを得なかったことにも理由があるけれど、けっして新しい映像表現が政治的な現実を対象化するにそぐわないからではない[61]。それには一九六二年末から一九六四年末にかけて、映像芸術の会が政治的に活動しすぎた反作用が大きい。政党の指示を受けて動く作協の一部のメンバーのふるまいの品性について私は当事者たちから聞いているし、その様子は会報での徳永の言葉づかいと、それに対する松本の反論から想像にかたくない[62]。二年間の政党をめぐる激烈な争いは、政党政治の現実を映画表現の対象とする習慣をうばってしまうことにつながった。このことは、松本と野田が対談の中で、政治運動にかかわる作品のいくつかを協議会作品と誤解して、誤った作品と処理してしまう発想に象徴されている。

13 あとから生まれたひとびとから

この一〇年あまり、作協の資料をあつめ、読みこみ、復刻再版するには、一九六四年に分裂した双方の人たちと語り合う経験が導きの糸だった。双方の経験と想いはまじり合うことはなく、私は両方をつつみこむ考えを見つけることにずっと頭をなやませてきた。ようやく自分なりの考えをまとめてみて、たりないと感じる。けれど、私の経験は、分裂した当事者たちと、あとから生まれる人たちの、つなぎにはなったと思う。彼らの実感と記憶が失われる前に語り合い、その感覚を私の内部にとりこんで文章にしておくことはできたと思うからだ。

最後に、僕が分裂の問題に思いめぐらせるときにいつも連想していたブレヒトの詩を、資料が楽しく読みとかれることへの希望をこめて、ささげたい。やっとこの問題にひと区切りがつく。もちろん作協の騒動のなかで、下劣なふるまいがなかったわけではないが、分裂した双方ともに、真摯に映画に向きあおうとしたことは確かだ。あとから生まれる人々は、彼らのおかげでまぬがれたイザコザのわずらわしさをおう歌するあまり、その真摯さにこうべをたれる必要をわすれてはならないと僕は思う。分裂した双方を代表する、松本俊夫さん、川本博康さんはともに、あとから生まれた僕にいつも親切に誠実に向きあってくださいました。感謝をこめてしるします。

「きみたち、ぼくたちが沈没し去る高潮から／うかびあがってくるだろうきみたち／思え／ぼくたちの弱さをいうときに／この時代の暗さをも／〈中略〉／とはいえ、ぼくたちは知っている／憎しみは、下劣なものにたいするそれですら／顔をゆがめることを。／怒りは、不正に対するそれですら／声をきたなくすることを。／ああ、ぼくたちは／友愛の地を準備しようとした僕たち自身は友愛をしめせはしなかった。／しかしきみたち／いつの日かついに／ひととひととが手を差し伸べ合うときに／思え、ぼくたちを／ひろいこころで[63]」。

（おわり）

註

（1）作協については拙稿「一人一人の生活にとって、映像とは何だろうか」『「記録映画」解説・総目次・索引』（不二出版、二〇一五年一二月）参照のこと。

（2）Jonas Mekas, *Scrapbook of the Sixties*, Spector Books, 2015.9 ; Jonas Mekas, *Movie Journal*, Collier Books edition, 1972. 日本語訳は飯村昭子訳『メカスの映画日記』。

（3）「凶区日録」『凶区』（一九六六年八月号、五八ページ）、「90日間映画日誌」『Lumiere』（一九八八年六月号、一四四ページ）。

（4）『教育映画作家協会々報』No.40（一九五九年一月、六ページ）と松本からの聞き取りを参照した。

（5）一九六〇年一二月二八日の第七回総会で「記録映画作家協会」へ、一九七四年八月四日の第二〇回総会にて「日本記録映画作家協会」へと改称。あわせて会報の名称も変更。

（6）脱退を分裂と解釈する見方に作協は反対してきた。たとえば、「作協40年のあゆみ　河野哲二氏に聞く（1）（2）」（聞き手：川本博康・伊藤博・金子サトシ）『記録映画作家協会々報』№376（一九九四年一一月号）、№378（一九九五年一月号）で、河野は作協は分裂したのではなく、一部の考えの違う人たちが出ていったのだと述べる。

（7）川本博康「佐藤洋さんの要望に応えながら　作協の歴史をふり返って」『記録映画』（二〇一一年一〇月号）で川本は分裂という解釈への反論を丁寧に答えてくれた。これは佐藤洋「会報を調査させていただくにあたって」『記録映画』（二〇一一年一月号）への回答だった。

（8）『映像芸術』誌は一九六四年一二月から一九六八年二月まで発行。フィルム・アンデパンダンの第一回上映会は一九六四年一二月一六日・一七日といった具合に多様な活動が拡散していく。

（9）ただし会報関係資料にも「世界実験映画ドキュメンタリー映画会」のチラシなど欠落した資料の存在はあると思う。

（10）たとえば谷川義雄は製作協議会の前進として、一九四九年から一九五〇年にかけて結成が模索されていた第一次『教育映画作家協会会報』を資料として引用している。この集まりは計画だけにおわり作品製作にはいたらなかったが、このような未発見の資料が現存していることが期待される。谷川義雄『ドキュメンタリー映画の原点　改訂版』（日本保育新聞社、一九七七年三月、二三〇〜二三一ページ）。

（11）日本共産党中央委員会文化部編『文化問題と日本共産党』（日本共産党中央委員会出版部、一九六六年三月）。しまねきよし『もうひとつの日本共産党』（サンケイ新聞社出版部、一九七五年一一月）。

（12）一九五二年四月に発表された映画綱領が一九五五年の映画指導部の解体とともに無効化する経緯については『映画指針樹立のために』（映画政策委員会、一九五七年一一月）にくわしい。一九五二年映画綱領は『前衛』一九五二年一一月・一二月号に掲載されている。ニュース、教育、記録映画の問題点は自主性をうばわれていることにあり、それを突破するには「自主映画製作運動以外にはない」と表現の問題よりも製作方法の問題を重視している。

(13) 拙稿「今村太平の除名問題について」『唯物論研究』117号(二〇一一年一二月)。

(14)『1952年メーデー』は共同映画社と働く文化ネットがデジタル化をおこなったほか、作協が採録シナリオを作成している。

(15) 血のメーデーをあつかったニュース映画は「血ぬられたメーデー」『読売国際ニュース』164号(五月九日封切)、「東京メーデー事件」『朝日ニュース』349号(五月八日封切)、「メーデー」『毎日世界ニュース』37号(五月八日封切)。その映画評は、山水甫「ニュース映画評」『東京新聞』(一九五二年五月一一日)。

(16)『1952年メーデー』の上映と反応については、「大山氏来明」『中日新聞』(一九五二年五月一七日)、「映画の戦列もすすむ」『ソヴェト映画』(一九五二年六月一日号)、山田三郎「メーデー事件ニュース映画を見て」『映画サークル』28号(一九五二年六月一日)。一九五二年五月から九月の間に東京では映画館外で一五七回フィルムが貸しだされ、一四九七七〇名の観客が見たことが報告されている(「1952年メーデー映画　移動映写の成果」『映画運動』No.1、一九五二年一一月)。六月から九月までに一四一の映画館で上映されたという(野田真吉「すぎさつた一年とことしの展望」『ソヴェト映画』一九五三年二月号)。

(17)『朝日グラフ』誌の原爆特集号はよく知られているが、映像については「原爆特集」『朝日ニュース』363号が一九五二年八月一四日に東宝系で封切られたのを嚆矢とする。毎日と読売も同時に原爆についてのニュース映画を出した。ただし『日本ニュース』257号が一九四五年一〇月に「原子爆弾　広島市の惨害」で広島の被害の映像を報道はしている。

(18) 国家による映画統制・利用が確立するのは、世界的にみて第一次世界大戦の映画利用をキッカケにしている。日本も第一次世界大戦のフィルムを各国大使館経由で輸入する中で、国家の映画利用方法を積極的に学び取り、軍が教育に映画を利用し、映画検閲を法制度によって整備する体制を一九一七年に確立した。

(19) この点については相田洋『ドキュメンタリー私の現場』(日本放送出版協会、二〇〇三年)、鈴木志郎康『映画素志』(現代書館、一九九四年）参照。

(20) 岩崎昶『映画史』（東洋経済新報社、一九六一年一月、二二六〜二二七ページ）。一九八九年七月一四日に二作品の上映会を報じた『朝日新聞』の見出しは「権力が封じた「反戦」の映像」だった（同日記事参照）。ほかに都築政昭『鳥になった人間』（講談社、一九九二年、一五三ページ）など参照。

(21) 山根貞男「日本の悲劇」『日米映画戦』（山形国際ドキュメンタリー映画祭、一九九一年）。阿部マーク・ノーネス「典型的な天才　亀井文夫」『亀井文夫特集』（山形国際ドキュメンタリー映画祭、二〇〇一年）。

(22) 『1952年メーデー』の販売チラシの文言は事実・真実を求める発想をあらわしている。「キャメラが捕えた偽りのない事実は、かならず皆様の御期待に沿い、事件の真相を明らかに御伝えできることと信じ」る。

(23) 一九四七年五月、日本映画教育協会が、映画教育振興協議会をはじめたことが、戦前からの映画教育運動の再興の大きなキッカケとなりフィルム・ライブラリーの運動が高まっていく。この戦前からの流れに、CIE（民間情報教育局）によるナトコ運動が拍車をかけ、それに応じて映連内に特殊映画製作委員会がもうけられ、CIE教育映画の製作普及に協力したことで、学校・社会教育映画市場は安定し、戦後のドキュメンタリー映画製作の基盤となるにいたった。

(24) 一九五一年五月、外国映画輸入統制の権限が占領軍総司令部から日本政府に移譲された。戦前にひきつづいて大蔵省が統括することになり、年度ごとに輸入割当を決定した。一九五四年度からは教育文化短編映画の枠外輸入が許可され、一九五九年度からは条件つきで輸入制限が廃止されたことを会報No.43（一九五九年四月一〇日）が報じている。

(25) 朝日ニュース劇場などは一九四四年三月三一日まで独自の営業をつづけていて、戦時下の映画統制も絶対ではなかったことには注意しなくてはならない。

(26) 稲田陽子「ほしいニュース映画館」『朝日新聞』（一九五二年七月五日）。

(27) 「ユナイテッド・ニュース」が解体して、ワーナー・メトロ・パラマウント・フォックスの四社に分立。これにブリティッシュ・ニュースが加わった。

(28) 開館日を二四日・二八日などと挙げている資料もあるが、『連合通信』(一九五二年四月二二日)および『東京新聞』(一九五二年四月二五日)の開館広告によって、四月二五日開館と確定。五月横浜グランド劇場、七月大阪ニュース劇場・元町阪神会館、八月アシベ・ニュースハウス・日劇ニュース劇場、一〇月東京ニュース劇場、一一月熊本ニュース館、一二月小樽ニュース劇場・八戸中央小劇場といった具合に各都市にニュース劇場が開館、その流行ぶりを『朝日新聞』一九五二年一二月一七日号は「地下ニュース劇場大流行」と報じた。

(29) 映画『月の輪古墳』については、脚本・監督の荒井英郎の遺稿集、坂崎武彦編著『動く絵の作家荒井英郎』(荒井みな子、一九九三年四月)にカメラマン・川村浩士や製作者・吉見泰らの回想が寄せられている。『月の輪古墳』の製作をキッカケに福富芳樹ら岡山の青年たちが、大阪の共同映画社などをつくりあげていく。岡山で考古学の研究をしていた近藤義郎は『月の輪古墳』運動の中心だった。滝元将「月の輪古墳発掘運動と「上映普及運動」の50年」『月の輪古墳発掘に学ぶ』(二〇〇三年)。

(30) 高柳俊男「映画『朝鮮の子』」『ほるもん文化』(一九九五年二月号)。高柳俊男が採録したシナリオが『記録』(一九八九年七~一一月号)に掲載されている。

(31) 大沼鉄郎「前車の轍」『映像芸術』8号(一九六五年七月)。運動のなかで製作されていた幻灯製作でも同様の態度がつらぬかれていたことが、鷲谷花「戦後労働運動のメディアとしての幻燈」『演劇研究』(二〇一三年)に垣間見ることができる。

(32) 協議会が企画・協力・製作にかかわった映画は、
一九五三年『1953年メーデー』(五月一五日完成)・『京浜労働者』(八月一〇日完成)
一九五四年『月の輪古墳』(一月一五日完成)・『松川事件』(四月一五日完成)・『1954年メーデー』(五月一五日完成)・『祖国の平和的統一独立のために』(五月完成)・『永遠なる平和を』(八月完成)・『一九五四年九州炭田』(九月完成)・『土の歌』(一一月完成)、『日本のうたごえ』(一二月完成)

一九五五年　『日鋼室蘭』（二月一五日完成）・『朝鮮の子』（二月二〇日完成）・『５５年メーデー』（五月二一日完成）
一九五五年三月に作協が結成され協議会は事実上消滅しているにも関わらず、『５５年メーデー』や以下の作品が協議会作品として当事者たちの記憶に登場するのは、企画には協力して消滅後に映画が完成した場合と、本論で言及したような記憶違いの両方が作用している。

協議会の関与が不詳・誤解される作品は、
一九五三年　『米』（五月一五日完成）・『世界の河は一つの歌をうたう』
一九五四年　『轟ダム』・『タネまく人々』（一二月三〇日完成）
一九五五年　『世界民青代表訪日歓迎ニュース』『無限の瞳』『ヘルシンキ世界平和愛好者大会記録映画』『ワルシャワ第五回世界青年学生平和友好祭記録映画』『あけゆく山々』『５５年九州福岡メーデー』『５５年北海道メーデー』（完成月日不詳）・『五色のつどい』（九月一六日完成）・『日本の青春』（九月二五日完成）・『友情のこだま』

(33) 理研科学映画社・村上プロダクション企画製作作品。保険船鶴丸の活動をつうじて、五島列島に暮らす人々をうつした。

(34) 野田真吉・松本俊夫「連載　対談戦後ドキュメンタリー変遷史　Ⅱ政治的実行主義批判　記録教育映画製作協議会の作品を中心に」『記録と映像』2号（一九六四年二月）での『米』や『タネまく人々』についての話題。あるいは後年の野田真吉『日本ドキュメンタリー映画全史』（社会思想社、一九八四年二月）における協議会作品についての記述など参照。

(35) 『米』の取材は一九五二年七月一五日にはじまった。製作意図とシナリオ一稿が『映画タイムス』№14（一九五二年一〇月二〇日）に掲載されている。

(36) しかしたとえば、一九五九年の作協の記録映画研究会の記録をみると、彼らがこの問題を語り合っていたことは想像に難くない。

(37) 吉見泰「よりよい教育映画を生み出すために」『視聴覚教育』（一九五五年五月号）が、作協の結成を広く宣言した。

(38) たとえば渾大防五郎「東宝との交渉」『キネマ旬報』(一九五八年九月一日号)。
(39) ドキュメンタリー映画界では、劇映画界のように、製作を経験しない財界人が経営者になることが少なかった。むしろ、演出家・カメラマン・プロデューサーとして一九三〇年代後半から四〇年代にかけて、ドキュメンタリー映画ジャンル創造を担った人たちが、経営陣になったのが一九五〇年代の映画状況だった。加納や渾大防はもちろん、石本統吉、吉野馨治たちがそうだ。
(40) 六全協によって映画指導部が解散させられた後の「空白」期は一九五七年一一月に発表された『映画指針樹立のために』でハッキリと問題にされる。同月開催の第一回映画関係党員活動家会議、一九五八年七月一三日開催の第二回映画関係党員活動家会議をへて、一九五八年一一月の第三回映画関係党員活動家会議で、映画委員会が新指導組織として決定され、「空白」期が終息しはじめる。山形雄策「二つの会議」『映画運動』No.5(一九五八年一二月一五日)。
(41) 巻頭言「作家の自主性のために」、野田真吉「記録映画に関するいくつかの当面している問題について」『教育映画作家協会々報』No.21(一九五七年一月二五日)は議論の最高点の一つだ。
(42) 加納龍一「拡がるPR映画の世界」『日本読書新聞』(一九五九年三月三〇日・四月六日)参照。
(43) 会報の議論のほか、吉見泰「『月の輪古墳』の経験と短篇作家の自主性の回復」『映画文化』(一九五四年八月号)参照。
(44) たとえば会報No.89(一九六三年一一月五日)ではハッキリと芸術至上主義と明言した非難がなされている。
(45) 美術映画の非興行輸入は、一九五〇年末の四本のフランス美術映画輸入を嚆矢とする。そのうちの一本がアラン・レネ監督作品『ヴァン・ゴッホ』(一九四八年)だった。この輸入はフランスの日本に対する外交政策、具体的には日仏学院の開校とかかわった出来事である。読売新聞社が主催したマチス展・ピカソ展・ブラック展・ルオー展が美術映画の輸入上映を活発にする大きな要因だった。日本が占領から独立するに、各国がとった外交政策の中で、映画がどのように利用されたかが、一九五〇年代日本の短編映画輸入・上映史の大切なポイントである。たとえばカナダが積極的に映画を日本に輸出しようとしたことは、ノーマン・マクラレンたちの映画が日本に影響をあたえる背景にある。

（46）一九三六年にフランスとオランダで、ショットに工夫をこらした美術映画がつくられたことはドキュメンタリー映画表現に大きな変化をもたらした。その系譜の中にレネの美術映画は位置している。

（47）資金難を一番の理由にして、瀧口は『北斎』を完成することが出来なかった。『北斎』を完成させたのは、砧プロの浅野龍麿と勅使河原宏ら青年プロダクションだった。瀧口「挫折した『北斎』と完成した『北斎』」『美術批評』（一九五四年二月号）などを参照。

（48）『アール』誌に掲載されたアンドレ・バザン「カギ穴から見た映画」を瀧口らは読んでその考えを吸収していた。「新しい芸術領域に生れた美術映画」『美術批評』（一九五二年六月号）。これは後に『映画とは何か』におさめられた論稿「美術と映画」である。アンドレ・バザン（野崎歓ほか訳）『映画とは何か』上（岩波書店、二〇一五年二月）所収。前掲註（47）・瀧口（一九五四年）にその吸収ぶりが読みとれる。

（49）たとえば、「因習的な意味と情緒、事柄と雰囲気を通してしか事物をとらえることが出来」ない「救い難き感性のパターン」といった指摘がそれである。

（50）この考えを宣言したのが『記録映画』創刊号（一九五八年六月号）に掲載された松本俊夫「前衛記録映画の方法について」である。「対象へのかかわりのなかに生起する主体内部のはげしい葛藤」「複雑な内部世界の深層部にまで分析的に下降していく」ような表現というイメージは、その後の映像表現の展開の礎となった。

（51）シュルレアリスム思想の影響については前掲註（1）・拙稿（二〇一五年）参照。

（52）松本は「対象と自己のかかわりの表現」と指摘している（松本俊夫「『記録映画』覚え書」『映画批評』一九七一年三月号、九四ページ）。

（53）この点について岡田秀則「〈征服〉から〈加担〉へ」『NFCニューズレター』（二〇〇一年一月三五号）が見事に分析している。

（54）野田真吉のフィルモグラフィーや「非現実性のアクチュアリティ」『記録映画』（一九五九年五月号）参照。

（55）松本俊夫「隠された世界の記録―ドキュメンタリーにおける想像力の問題について」『記録映画』（一九六〇年六月号）参照。
（56）吉見泰「映画運動の曲り角」・河野哲二「高みからの一方交通」・川本博康「観客を忘れた表現方法」『記録映画』（一九五九年一一月号）。
（57）一九六一年七月の第八回党大会がその背後にある。一九六二年共産党第八回党大会第四回中央委員会総会で「反党修正主義理論に対する思想闘争の重要性を提起し、反革命的反人民的な文学・芸術理論にたいするたたかい」が決定された。
（58）『第一回総会議案書』（一九六四年五月二四日）、『映像芸術の会会報』一号（一九六四年六月一〇日）。
（59）シンポジウムをにらんで作成された『あるマラソンランナーの記録事件の真実』（真実編集委員会、一九六四年七月）、『十二月二十六日記録映画作家協会臨時総会に関する事実』『声明』（一九六四年一二月二七日）。
（60）『記録映画作家協会運営委員会の罪状を告発する』（運営委員会の罪状を告発する会、一九六四年一二月二七日）は会報No.96に掲載された九月一二日シンポジウム報告への反論であり作協からの脱会宣言である。
『映像芸術』2号（一九六五年一月）の編集後記は作協との対立への意見を記している。
（61）一九六三年一二月二七日総会での松本俊夫の発言はその事情を象徴している。「芸術運動は政治運動から、とくに特定の政党の政策とその支配から自立しなければならない。自立するということは、現実や政治に、芸術創造の課題として固有なかかわり方を積極的に確立するということである」『記録映画作家協会々報』No.90（一九六四年一月二〇日、五ページ）。
（62）『記録映画作家協会々報』No.96および前掲註（60）・『記録映画作家協会運営委員会の罪状を告発する』参照。
（63）ブレヒト（野村修訳）「あとから生まれるひとびとに」『ブレヒト詩集』（土曜美術社出版販売、二〇〇〇年一一月）。

Ⅱ　総目次

『記録映画作家協会会報』総目次・凡例

一、本総目次は『教育映画作家協会会報』（一九六一年一月より『記録映画作家協会会報』と名称変更）、及び「定例総会」議案書・討議資料を採録した。

一、仮名遣いは原文のままとし、旧漢字、異体字はそれぞれ新漢字、正字に改めた。また、明らかな誤植、脱字以外は原文のままとした。

一、標題は本文に従った。副題および小題は基本的に――（ダッシュ）のあとに示した。

一、＊印は編集部の補足であることを示す。

一、号数のない「号外」には、以下のとおり資料番号で示した。

①一九五五（昭和三〇）年一一月一〇日発行　②一九五六（昭和三一）年一月一七日発行
③一九五七（昭和三二）年四月二日発行　④一九五七（昭和三二）年一二月三〇日発行
⑤一九五八（昭和三三）年七月一一日発行　⑥一九五八（昭和三三）年一一月五日発行
⑦一九五九（昭和三四）年一〇月二〇日発行　⑧一九五九（昭和三四）年一二月一五日発行
⑨一九六〇（昭和三五）年一月二〇日発行　⑩一九六〇（昭和三五）年七月一日発行
⑪一九六〇（昭和三五）年七月六日発行　⑫一九六〇（昭和三五）年八月五日発行
⑬一九六〇（昭和三五）年一二月二八日発行　⑭一九六一（昭和三六）年六月一日発行
⑮一九六一（昭和三六）年一〇月一日発行　⑯一九六一（昭和三六）年一二月一一日発行
⑰一九六三（昭和三八）年五月一四日発行　⑱一九六四（昭和三九）年二月一日発行

一、原本に頁数表記のない場合は、頁数に( )を付した。

（編集部）

『教育映画作家協会会報』

第一号　一九五五（昭和三〇）年三月

発足にあたってのお知らせ　(1)
一、発会総会できめられたこと　(1)
二、第一回運営委員会できめられたこと　(1)
三、事務所、役員、専従事者に就いて　(1)
四、三月七日現在での会員は左記のとおりです　(1)
五、お願い　(1)

第二号　一九五五（昭和三〇）年三月二九日

会員の動静　1
作家協会報告　1
　委員会報告　1
　委員の分担　1
　新入会員　1
各方面から……げきれいの言葉
　気笛　加納　竜一　2
　教育映画作家協会へ望む　石本　統吉　2
会員の広場
　協会の創立に当って　矢部　正男　3
　みんなで話合いを　かんけ・まり　3
　二時間半に反対する　月曜会　3-4
「視聴覚教育」へ原稿を送ろう　加藤　4
（＊四月分会費）　事　務　局　4
試写会を盛んに！　4
消息欄　4
編集後記　柳　沢　4

第三号　一九五五（昭和三〇）年五月一日

談論風発のなかに貴重な批判——第一回研究試写会　(1)
文部省も喜ぶ作家協会の誕生　(1)
新入会員　(1)
会員の動静　(1)-(2)
「記録・教育映画製作協議会」について①

野田　真吉　(2)-(3)
会員の広場
カズンズとジョンストンは論争□《不明》□私たちは日本映画を□《不明》もり□□《不明》　月　曜　会　(3)-(4)
国民とともに考えるテーマを　日高　昭　(3)
三月会計報告　(4)
スライドのアルバイト　秋元　憲　(4)
委員だより　加　藤　(4)
編集後記　柳　沢　(4)

第四号　一九五五（昭和三〇）年六月一〇日
学校の要求と作品の喰違いを正そう——第三回研究会　(1)
記録映画を見る会発足——京都　(1)
新入会員　(1)
会員の動静　(1)-(2)
「漫画映画」について——漫画映画社　長　井　(2)
健保などの具体化を　(2)
「記録教育映画製作協議会」について②　野田　真吉　(3)-(4)
偶感　中村　敏郎　(3)
ヘルシンキへ牛原虚彦氏　く　わ　き　(4)
四月会計報告　(4)
編集後記　柳　沢　生　(4)

第五号　一九五五（昭和三〇）年七月二一日
東京都映画協会と当作家協会との新契約について　運営委員会　(1)
会員の動静　(1)-(4)
補導とゆう仕事——「私たちの先生」の記　秋元　憲　(2)-(3)
謝辞　石本　統吉　(3)
すばらしい平和友好祭——皆さんの御協力をお願いします　教育映画作家協会新入会有志　(3)-(4)
新入会員　(4)
報告　〝記録映画を見る会〟関西（京都）について　吉見／羽仁進　(5)-(6)
ひとりごと　樺島　清一　(5)

事務局だより (6)
五月会計報告 (6)
編集後記 加藤 (6)

第六号 一九五五（昭和三〇）年一〇月三一日
協会推せん作品の選定などを決める――運営委員会の報告 運営委員会 (1)
石器時代の村 西尾 善介 2-3
会員の動静 2-4
ひとこと 杉原 せつ 3
委員のことば
羽仁進／吉見泰／八木仁平／富沢幸男／西沢豪／加藤松三郎／大野芳樹 4-5
スポンサード映画の宣伝媒体としての考察 諸岡 青人 5
健康保険ができました 小高 5
事務局だより 吉見 5
新人会の発足にあたって 間宮 則夫 6
（＊新人会第二回会合） 小高 6

会計報告（昭和30年3月創立より8月末迄） 6
編集後記 加藤 6

号外（＊①） 一九五五（昭和三〇）年一一月一〇日
協会推せん作品とその公開映画会の開催きまる！ (1)
協会当面の活動スケジュール (1)
動静をおしらせ下さい (1)
おねがい (1)
会報原稿募集！ (1)

第七号 一九五五（昭和三〇）年一一月三〇日
これだけは見てもらいたい映画の会について (1)
追悼 島本隆司
島本隆司さんのこと 厚木 たか (2)-(3)
弔辞 岩崎 太郎 (3)
島本隆司氏略歴／島本隆司氏の急逝について／島本隆司氏の葬儀について (2)-(3)

教育映画祭記念映画についての報告　丸山　章治　(4)
虚しさだけがのこつている、だが……　道林　一郎　(4)-(5)
教育映画の企画について　松岡　新也　(5)
会員の動静　(4)-(6)
原子英太郎さんの医療費カンパを！　(6)
〝健康保険〟についての報告　小　高　(6)
編集後記　加　藤　(6)
会計報告（九月分／十月分）　(6)

第八号　一九五五（昭和三〇）年一二月三〇日

第二回総会について――運営委員会報告　運営委員会　(1)
これだけは見てもらいたい映画の会特集
これだけは見てもらいたい映画の会の報告／
収支報告　(2)-(3)
〝善意〟　加藤松三郎　(4)-(5)
「もうひとりではない」　京極　高英　(5)-(6)
うれしくたのしかつた映画の会　時枝　俊江　(6)
映画の会の感想　相川　竜介　(6)-(7)
会員の動静　(2)-(7)
動静を事務局へ知らせよう　小　高　(7)
新人会ニユース　苗田　康夫　(7)
健康保険について　(7)
十一月会計報告　(7)
原子英太郎さんの医療費カンパについて！　(8)
お礼　原子英太郎　(8)
これだけは見てもらいたい映画の会会員負担売
捌会員券の清算について！　小高　美秋　(8)
編集後記　加藤／小高　(8)

第九号　一九五六（昭和三一）年一月一四日

年頭に当つて　吉見　泰　1
協会の名称変更に就て　1
謹賀新年　新春にラッパを吹く
中村麟子／小野寺正寿／中島日出夫／西本祥子／中江隆介／山岸静馬　2-3

新役員の声
吉見泰／加藤松三郎／八木仁平／西尾善介／吉岡宗阿弥／京極高英／島内利男／菅家陳彦／間宮則夫／樋口源一郎／羽田澄子　3－4
会員の動静　4
会計報告（昭和三十年十二月分）　4
事務局だより
映画会の記念写真ができました／映画会の会員券清算について／原子さんカンパ／健康保険のその后　5
同封のはがきでアンケートを送って下さい！
——協会名称変更について、と、最近の動静を　5
新役員名簿　5
編集后記　加藤　5

号外（＊②）　一九五六（昭和三一）年一月一七日
第二回総会議事録要旨——とき・昭和三十年十二月二十六日、ところ・中央区役所銀座東出張所集会室　(1)－(5)
第二回総会の決定による新役員名簿　(5)

第一〇号　一九五六（昭和三一）年二月二〇日
PR映画と作家　吉見　泰　1
会員の動静　1－5
当協会名の変更可否に関するアンケート集
桑木道生／日高昭／河野哲二／丸山章治／永富映次郎／豊田敬太／西沢周基／西尾善介／樺島清一／村田達二／下坂利春／事務局　2
待望の「協会機関誌」季刊としていよいよ今春から　3
カラー映画を十九巻——本年第一回の研究会終る　3
よびかけ　4
運営委員会メモ　4
事務局だより
健康保険について／原子さんカンパについて／映画会の会員券清算について／『児童文化白書』配布について／映画会記念写真の代金

について 4-5
会報の編集について 加藤松三郎 5
会計報告（一月分） 5
編集後記 加藤 5

第一一号 一九五六（昭和三一）年三月三〇日

教育委員会法改悪反対！ 吉見 泰 1-2
会員の動静 1-6
新人よ、頑張ろう！ 間宮 則夫 2-3
アンケートはがきについて 3
『教育映画研究』創刊号5月上旬発刊準備中 3
会計報告（二月分） 3
当協会名の変更可否に関するアンケート集（2）
長井泰治／かんけ・まり／黒木和雄／北賢二／山本升良／山岸静馬／諸橋一／岩崎太郎／野田真吉 4
試写研究会について 西尾／事務局 5
機関誌発行のその后 5
〝映画会〟その后の会計報告 5
健康保険について 6
編集後記 加藤 6

第一二号 一九五六（昭和三一）年四月三〇日

新教育委員会法案反対署名を訴えます 運営委員会 1
声明書 教育映画作家協会 1
運営委員会の言葉 1-3
教材映画を充実しよう——活発だつた四月の〝研究会〟 2-4
会員の動静 3-12
新入会員のことば
協会に入つて 島谷陽一郎 4-5
考えていること 秦 康夫 5-6
協会への感想 京 俊明 6
協会への感想 高井 達人 6-7
おしらせとおねがい 7
当協会名の変更可否に関するアンケート集（3）
桑野茂／島谷陽一郎／西尾善介／片岡薫／岡

本昌雄／八木進／八木仁平　8
新人会だより　8－9
運営委員会だより　9－11
声　かんけ・まり／野田真吉／運営委員会　10－11
杉山正美君――その后の御報告　11－12
（＊手紙）　杉山　正美　12
会計報告（三月分）　12
健康保険について　12
編集後記　菅　家　12

第一三・一四合併号　一九五六（昭和三一）年六月一〇日

新市場の開拓と研究活動　運営委員会　1
会員の動静　1－17
動静をしらせください　17－18
最近の研究会から
教材映画研究会　丸山　昌治　2－3
新人会研究会　河野　哲二　3－4
協会に臨む！　森脇　達夫　3
私の白書　岩堀喜久男　4－10
声（1）
京極高英／大沼鉄郎／荒井英郎／中川順夫／
松本俊夫／丸山章治／かんけ・まり　5
声（2）　会報の〝革命〟　加藤松三郎　9
声（3）　桑野茂／事務局　17
美術映画「雪舟」について　間宮　則夫　6－7
「彼女の出発」　豊田　敬太　10－12
「お母さんのしごと」を教材とした授業の特別研究会　11
演出雑感　樋口源一郎　12－13
偶感　なにがおもしろいか――新人の脚本について　吉見　泰　13－15
会名変更可否のアンケートについて！　事　務　局　14
メーデーに参加して　矢部　正男　15－16
敗けるが勝ち――野球観戦記　16－18
運営委員会だより　18
会員証で「優秀短篇映画を見る会」に入場できます　事　務　局　18
最近の受贈誌（紙）　18

新教育委員会法成立す！——その反対運動をふりかえる　19–20
声明書　教育映画作家協会　ほか二十七団体　19
決議　新教委法案反対中央国民大会　20
会計報告（四月分）　20
編集後記　割付氏／加藤　20

第一五号　一九五六（昭和三一）年七月一〇日

新入会員歓迎会に当って　運営委員会　1
六月の研究会から
教材映画「お母さんのしごと」　かんけ・まり　2–4
教材映画「私たちのリズム楽器」　韮沢　正　4–6
試写研究会「生きていて良かった」「1956年メーデー」　山本　升良　6–7
新人会研究会　脱線も又楽し　中島日出夫　7
新入会員　2–3
協会に望む　小口　禎三　3
会員の動静　4–17
当然のことについて　7
新入会員歓迎会開かる　運営委員会　8
横道にそれた感想　矢部　正男　9・17
「教育映画」「作家」？　日高　昭　10–11
赤城山麓での仕事　富岡　捷　11–14
シナリオ研究部会発足に就て　吉見　泰　13
記録映画研究会発起　厚木たか／京極高英／野田真吉　14
しごとを見つけた喜び　たけはら・しげを　15
良いこと素晴しいこと　小島　義史　16–17
新教委法対策についての動き　事務局　17
協会への御意見 会報への御希望
八幡省三／田中舜平／島谷陽一郎／小熊均／肥田侃／杉山正美／片岡薫／富岡捷／中島日出夫／西沢豪／村田達二／黒木和雄／北賢二／苗田康夫／山本竹良／高井達人／丹生正／桑木道生／衣笠十四三／榛葉豊明／樺島清一／桑野茂／永富映次郎／松本公雄／丸山章治／松本俊夫／尾山新吉／大沼鉄郎／かんけ・まり／中川順夫／杉原せつ／岩堀喜久男／前田庸言／山岸静馬／吉見泰／八木進／無名

氏 18-20
新人会だより 18
ＰＲ映画研究会の発足
　八木仁平／諸岡青人／加藤松三郎 19
「夜と霧」映画審議会6・18拒否 21-22
運営委員会だより 22
会計報告（五月分／六月分） 22
編集後記 菅　家 22

第一六号　一九五六（昭和三一）年八月一〇日

協会自主作品を目指して――矢部君の提案に応える 運営委員会 1
近頃思ったこと 羽田　澄子 2-3
会員の動静 2-14
会費の委託納入について 運営委員会 3
新人会「勉強会」通知 3
声
　苗田康夫／高井達人／八幡省三／事務局／野田真吉／事務子／岡本昌雄／渡辺正己／小野春男／桑木道生／中村敏郎／樋口源一郎／杉山正美／桑野茂／厚木たか／丹生正 3・5・6・11・14・16・18
私が感じたこと 吉田　六郎 4
こちら側の問題として 京極　高英 5-6
新作試写会 6
七月の運営委員会から 7
七月の研究会から
　新人会活動について 苗田　康夫 8-9
　シナリオ研究会報告 近藤　才司 10
　　第二回シナリオ研究会おしらせ 10
　試写研究会 河野　哲二 11
　教材映画研究会より 高綱　則之 12
　　七月の教材映画研究会 編　集　子 12
日本の記録映画の歴史を聞く会 9
映画と教育の接点――それは恋に似ている 森田　純 12-13
「箱根ごえ」を観て 豊富　靖 13
新市場開拓の状況 運営委員会 14
思う事 丹生　正 15-16

『新作教育映画研究協議会報告書』　事　務　局　16
映画利用者の声　加藤松三郎　16
日中友好協会第六回全国大会出席報告
岩佐　氏寿　17－18
編集後記　割付子／加藤　18

第一七号　一九五六（昭和三一）年九月二〇日

財政危機に直面して　運営委員会　1
寄稿　自主製作の台所　堀田　幸一　2－5
声
大沼鉄郎／八木進／永富映次郎／間宮則夫／野田真吉／八木仁平／稲村喜一／道林一郎／高島一男／長井泰治／事務局／時枝俊江／事務子／京極高英／丸山章治／かんけ・まり／富岡捷／岩佐氏寿／大鶴日出夫／島谷陽一郎／赤佐政治　5・6・7・10・16・17・20
運営委員会便り　菅　家　6－7
会員の動静　6－18
再び会費の委託納入について　運営委員会　7
八月十八日新人会より――クレショフ難解　渡辺　正己　8
日本の記録映画の歴史を聞く会（第1回）
新　人　会　9－10
研究会の成果の具体化を　本間　賢二　10－11
新人走り我記　中島日出夫　12
新人以前　楠木　徳男　13－14
記録映画の方法　日高　昭　14－16
シナリオ研究会便り　近藤　才司　17
お知らせ――シナリオ研究会のお知らせ　17
太陽族映画に青少年映画審議会兵庫県から当協会に申入れ　事　務　局　19
「太陽族映画」について　関野　嘉雄　19－20
ら・く・が・き　N　K　生　20
編集後記　加　藤　20

第一八号　一九五六（昭和三一）年一〇月二五日

仲間ずき合いを　運営委員会　1
シナリオ研究会のお知らせ

シナリオ研究会世話人　1
ニワトリかタマゴか――仕事あっせんの弁　加藤松三郎　2-3
新入会員　3-4
声
近藤才司／楠木徳男／小熊均／原本透／片桐直樹／羽田澄子／小島義史／黒木和雄／樺島清一／秦康夫／片岡薫／苗田康夫／矢部正男／肥田侃／真野義雄／渡辺正己／桑木道生／韮沢正／大沼鉄郎／松本公雄／島谷陽一郎／永富映次郎／岩崎太郎／西尾善介／八木仁平／樺島清一／京極高英／岩佐氏寿／丸山章治／谷川義雄／樋口源一郎／本間賢二／諸岡青人／豊田敬太／片岡薫／中島智子／松本治助／原本透／山添哲／吉見泰　4-7
会員の動静　5-14
一九五六年度短篇映画祭参加「選抜」作品の特別試写会　教育映画作家協会　7
おねがい（＊アンケートはがきについて）　7
新人会活動方向の再確認について　間宮　則夫　8-9
フリーになるの弁　西沢　周基　9-10
アニメーション映画社発足に就て　吉岡宗阿弥　10
会計報告およびその后の会計経過について　原　子　13
うんざりの弁　伊勢長之助　14-15
運営委員会だより　15-16
一九五六年度教育映画祭最高作品きまる　16
編集后記　小高／加藤　16

第一九号　一九五六（昭和三一）年一一月二五日

本年度総会に就て　運営委員会　1
新入会員　1-2
教育映画の劇場上映――観光文化ホール一年の実績から　村尾　薫　2-4
会員の動静　2-18
会員名簿の訂正／会報記事の訂正／おねがい（＊アンケートはがきについて）　18
自分にいいきかせること　野田　真吉　4-5
記録性の弱さ　丸山　章治　5-6

北海道路景半吟　岩堀喜久男　6
映画界ニュース　7－9
声
永富映次郎／岩堀喜久男／運営委／近藤才司／谷川義雄／事務局／岩崎太郎／野田真吉／三浦卓造／北賢二／加藤松三郎／原本透／清水信夫／荒井英郎／森田純／片岡薫／小谷田亘／大沼鉄郎／渡辺正己／前田庸言／樺島清一／京極高英／松本俊夫／丸山章治／石田修／楠木徳男／桑木道生／豊田敬太／小高美秋　10－13
（＊「映画界ニュース」欄、「協会日誌」欄新設について）　13
協会日誌　原子英太郎　14－17
挨拶状　島本秀子／間宮則夫／伊勢長之助　17
運営委員会だより　18
映画会の開催時期は来春ときまる　19
推せん作品投票について／推せん作品投票の中間発表　19
本年度協会総会の日時きまる　19
会員諸氏への感謝——財政危機アッピールの反響　運営委員会　20
会計報告（十月分）　20
編集後記　加藤　20
第一九号別紙
教育映画の試写会などについて　(1)－(2)
試写会などのスケジュール（十一月二十一日現在判明分）　(2)
第二〇号　一九五六（昭和三一）年一二月二五日
一九五六年度総会の報告と資料特集
本年度総会のおしらせ　1
総会の一般報告に代えて——反省と展望　吉見　泰　2－3
協会のうごき——事務局報告　菅家　陳彦　3－6
短篇映画の年間動向——報告要旨　加藤松三郎　6－7
会員の報告——フリー作家の立場から

野田 真吉 8—10
研究会報告 西尾 善介 10
定例試写研究会 西尾 善介 10—11
教材映画研究会 丸山 章治 11
新人会について 新人会運営委員会 12—15
協会のあゆみ 15—16
新入会員 2
会員の動静 3—15
映画会開催日時きまる 11
映画界ニュース 16
声
吉見泰／中島日出夫／桑木道生／矢部正男／丸山章治／中村敏郎／赤佐政治／日高昭／渡辺亨／岡本昌雄／岩堀喜久男／小谷田亘／肥田侃／小島義史／加藤松三郎／大沼鉄郎／富岡捷／かんけ・まり／松本公雄／山岸静馬／西沢豪 17—19
声の総計 一六七通 19—20
協会名称変更のアンケートについて 17
運営委員会だより 17—19
会計報告（一一月分） 19
協会日誌 事務局 20—21
健康保険について／会員証の交換について 事務局 21
一九五六年度教育映画作家協会・会員総会 22
編集後記 加藤 22

第二一号 一九五七（昭和三二）年一月二五日

作家の自主性のために 運営委員会 1
記録映画に関するいくつかの当面している問題について 野田 真吉 2—10
（＊後文） 会報編集部 3
会員の動静 4—17
その後の新人会——一月総会と発起人会の報告 新人会世話人 10—11
運営委員のことば
伺つておきたい事 京極 高英 11—12
運営委員になつて 矢部 正男 12
感想 丸山 章治 12—13

S・O・S会計　樋口源一郎　13
運営委員となつて　野田　真吉　13
三年めの弁　加藤松三郎　13-14
新人会から出た運営委として　新人会運営委員　14
事務局長の再選に当つて　菅家　陳彦　14
皆さんと共に　高綱　則之　14-15
いささか、こわい役員　岡本　昌雄　15
(＊無題)　原本　透　15
委員長三選の正月に　吉見　泰　15
謹賀新年　16
新入会員　17
脱退／その他／おねがい　17
一九五六年度総会の議事録特集――一九五六年十二月二十六日　於新聞会館会議室
一般報告(録音要旨)　吉見　泰　18
事務局報告(録音要旨)　菅家　陳彦　19-20
会計報告(要旨)　原子英太郎　20-21
報告　樋口源一郎　21
企業所属会員の報告　富岡捷／中村敏郎　21
研究会報告　西尾　善介　21
新人会報告　間宮　則夫　22-24
討議・議事録(速記)　24-31
一九五七年度教育映画作家協会役員　31
互いの前進のために　運営委員会　31
運営委員会だより　32-33
映画界ニュース　33-34
協会日誌　34-35
会報記事訂正とおわび　34
声　岩堀喜久男／桑木道生／高井達人／事務局　35
協会推せん作品の投票〆切は二月十日まで　35
余録　N・K生　36
一九五七年度新人会第二次総会について　教育映画作家協会新人会　36
会計報告(十二月分)　36
編集後記　加　藤　36

第二二号　一九五七(昭和三二)年二月二五日

第二回「推せん」教育映画の会について――三

月二十四日（日）国鉄労働会館ホール　1
短篇映画の年間動向――一九五六年一月～十月　加藤松三郎　2-13
会員の動静　3-16
記録映画研究会の報告　野田　13-17
新入会員　16-19
会報記事の訂正　19
「話しあい」の推進――「子どもを守る文化会議」についての報告　岩佐氏寿　17-19
第六次日教組教育研究全国集会から――加納さんを囲む座談会　19-20
ごあいさつ　在日本朝鮮映画人集団／河野哲二　20
委員会だより　20-23
新入会に際して　木村荘十二　21-22
助監督部会の報告――第二次新人会総会と幹事会　N　22-23
声「作家の自主性のために」に対して　諸岡青人／松本俊夫　23-25
協会日誌　23-26
声　岩佐氏寿／京極高英／岩崎太郎／苗田康夫／吉見泰／下村和男／加藤松三郎／竹内信次／日高昭／大沼鉄郎／谷川義雄／高島一男／丹生正／韮沢正／清家武春　25-27
原子氏「自映連」へ――事務局の人事変る　菅家　26-27
一九五六年度推せん作品投票について　27-28
映画会上映番組について　28
会計報告（一月分）　28
振替口座開設のおしらせ　28
編集後記　加藤　28

第二三号　一九五七（昭和三二）年三月二五日

臨時総会を前にして　運営委員会　1
臨時総会のおしらせ　1
1956年教育短篇映画の製作状況調査成る――一八七社七五三種一六八八巻（日本映画教育協会調査）　2-5
新入会員　3

教材映画の躍進（『視聴覚教育ニュース』より転載）　4
会員の動静　4-18
声（1）
中島日出夫／永富映次郎／丸山章治／間宮則夫　5
声（2）　野田　真吉　8
声（3）　八木仁平／松本俊夫／西沢周基　12
声（4）
深江正彦／豊田敬太／苗田康夫／竹内繁／岡本昌雄／京極高英／加藤松三郎／谷川義雄／八幡省三　15-16
社会教育映画について　石本　統吉　6-8
会費審議会の経過と提案　会費は定額制を基礎に――運営費は事業活動にも期待　菅　家　9-12
反映「作家の主体性のために」について
自分のこととして　大沼　鉄郎　13-14
PR映画と作家の自主性　豊田　敬太　14-15
委員会だより　16-17
映画界ニュース　17-20
青年婦人を対象とした映画製作について共同映画社より申入書　共同映画社　20
協会日誌　21
事務局だより
会計報告／会費納入についておねがい／健康保険証交換について／映画会・会員券代金を御清算下さい　21-22
編集後記　小　高　22
緊急号外（＊③）　一九五七（昭和三二）年四月二日
協会財政ついに未曾有の危機に遭遇　会費の未納額は約二十万円――三月末の不足金は一万五千余円　(1)
健康保険料の滞納、未納はついに一万円を超過　(1)-(2)
会計報告（三月分）　(1)
映画会の会員券代金未納者は九八名――未納金一万一千余円　(2)
会費改正案さらに新案　(2)
月額予算収入表　(2)

総会にさいして　助監督部会幹事会　(2)

第二四号　一九五七（昭和三二）年四月二五日

臨時総会を終つて　運営委員会　1
会費問題の臨時総会議事録――一九五七年四月
六日（土）於新聞会館会議室　2―6
会員の動静　3―14
教育短篇映画、過去数年間の製作状況通観（日
本映画教育協会調査）　7―10
特集　第二回「推せん」教育映画の会報告
映画会を終つて　運営委員会　11
会計報告　11―12
観客のアンケート九九通あつまる　12
第二回「推せん」教育映画の会観客の声　13―17
声
水上修行／島谷陽一郎／菅家陳彦／大沼鉄郎
／野田真吉／かんけ・まり／加藤松三郎／高
井達人／樋口源一郎／丸山章治　14―18
助監督部会総会の決定　報告と訴え

幹事会　18
委員会だより　18―20
第三回記録映画研究会報告　野田　19―20
映画界ニュース　20―21
中国映画人団体よりメッセージの返信
司徒慧敏　21―22
新入会員　21
あいさつ　米山彊　22
原子さんの退職金問題など臨時総会で討議　22
メーデーせまる　22
助監督部会が「ども又の死」を公演――メーデ
ー前夜祭で　22
協会事務局に五月より児童劇団の連絡所が同居　22
深大寺詣で――まだ四月ながら　O　22―23
協会日誌　23
事務局だより
会費制度改訂による新会費の納入について／
三月以前の未納会費について／原子氏の退職
金カンパの臨時会費について／映画会の会員
券清算をお早く／『教育映画人名鑑』の資料

調査について／新事務局員岩崎泰子さんにきまる　23-24
編集後記　加藤　24

第二五号　一九五七（昭和三二）年五月二五日

海外交流に就て　運営委員会　1
第四回記録映画研究会報告　苗田／野田　2-4
抄録　亀井文夫「小林一茶ノート」（『新女苑』昭和十六年一月号）より　4
会員の動静　3-15
第一回婦人会員の座談会
かんけ・まり／西本祥子／山口淳子／中村麟子　5-6
声
中島智子／島内利男／肥田侃／真野義雄／飯田勢一郎／島谷陽一郎／丸山章治／樺島清一／岡本昌雄／韮沢正／丹生正／西尾善介／道林一郎／高井達人／八木進／河野哲二／榛葉豊明／松本俊夫／かんけ・まり／岡秀雄／大野祐／森田純　6-8
たのしかつた初のメーデー前夜祭　N　8-9
THE LIVING CINEMA　9
映画界ニュース　10
事務局だより
四月分会計報告／（＊会費納入状況）／（＊新会費）／第二回「推せん」教育映画の会の利益金／原子さんの退職金資金カンパ／（＊会費納入）　11
「南極探検」記録を林田さんにきく
林田重男／島谷陽一郎　12-14
教材映画研究会のおしらせ　教材映画研究会　14
委員会だより　14-15
新入会員　15
協会日誌　16
「一九五六年日本のうたごえ」について
野田　真吉　16
編集後記　加藤　16

第二六号　一九五七（昭和三二）年六月二五日

第六回世界青年学生平和友好祭へ富沢幸男君を協会代表として送る　運営委員会　1

記録映画の演出（『キネマ旬報』五月上旬号映画講座第二十三講より転載）　京極　高英　2－5

地理映画大系の演出と実際――教材映画研究会報告　西本　祥子　6－8

会員の動静　6－15

シートン女史歓迎懇談会に出席して　吉見　泰　8－11

平和友好祭を是非成功させたい――第六回世界青年学生平和友好祭記録教育映画部門実行委員会　大　沼　11・14

声

村田達二／加藤松三郎／羽田澄子／丹生正／苗田康夫／赤佐政治／岡野薫子／京極高英／桑野茂／西沢周基／西本祥子／永富映次郎／河野哲二／豊田敬太／八木仁平／野田真吉／水上修行　12－13

対岩波野球戦始末記　S　生　14－16

新入会員　15－16

委員会だより　16－17

会報記事の訂正　16

事務局員に御知会いの方を御紹介下さい　16

事務局だより

五月分会計報告／（＊会費納入状況）／原子さんの退職金資金カンパ／（＊会費納入）／事務局員岩崎泰子さん退職　17

協会日誌　18

第6回世界青年学生平和友好祭に参加する富沢幸男代表の歓送会をひらきます

第6回世界青年学生平和友好祭記録教育映画部門代表派遣実行委員会　18

編集後記　加　藤　18

第二七号　一九五七（昭和三二）年七月二五日

ギヤラのスライド・アップに就て　運営委員会　1

田口助太郎氏に中国の映画事情をきく
　田口助太郎／編集部　2－8
会員の動静　6－20
第二回婦人会員の集い報告　かんけ　8
新人作家の現場報告
　PR映画の演出について　苗田康夫　9－10
　三年生の弁　飯田勢一郎　10－11
　はじめて演出をしてみて　羽田澄子　11－12
　「マンモス潜函」を完成して　松本俊夫　12－14
声
　野田真吉／永富映次郎／桑木道生／吉見泰／
　諸岡青人／岡本昌雄／谷川義雄／徳永瑞夫／
　岩佐氏寿／牧野守／飯田勢一郎／加藤松三郎
　／西沢豪／高井達人／丸山章治／島谷陽一郎　14－15
東京国税労組自主作品八ミリ映画「Aさんのメ
　ーデー」を見て　河野哲二　16－17
平和友好祭ニュース
　富沢幸男代表〝モスクワ〟へ　17
　お詫び　吉見泰　17－18
中央区原水爆禁止運動協議会設置準備すすむ
　野田真吉　18－19
　中央区原水爆禁止運動協議会規約（案）　19－21
事務局だより
　六月分会計報告／（＊会費納入状況）／（＊
　会費納入）／事務局員加藤喜恵子さん紹介　21
委員会だより　22
作品歴つき会員名簿の発行について　22
編集後記　加藤　22

第二八号　一九五七（昭和三二）年八月二五日

前進か、後退か　運営委員会　1
第一回プロデューサーにものをきく会
　吉見／石本統吉／岡田桑三／丸山／会報編集
部　2－5
会員の動静　3－15
科学映画の夢　長野千秋　5－7
新人作家の現場報告（2）
　「役に立つカビ」について　西本祥子　8－9
無題　杉山正美　9

出直したい弁　松本　治助　9―10
「集団就職」雑感　森田　実　10―11
平和友好祭ニュース　富田幸男代表帰国す！　11
契約者ギヤラ基準改訂について
ギヤラ基準内規　12―13
私たちの考え――ギヤラ基準について
助監督部ギヤラ委・幹事会　14―15
中央区原水協発足す　15
宣言　中央区原水爆禁止運動協議会　15―16
委員会だより　16
新入会員　16
編集後記　加　藤　16

第二九号　一九五七（昭和三二）年九月二五日

教育映画作家協会はなにをする所か
運営委員会　1
第二回プロデユーサーにものをきく会
丸山章治／三木茂／上野耕三／木村荘十二／
山本升良／菅家／会報編集部　2―12
会員の動静　3―14
四十五日の旅――第六回世界青年学生平和友好
祭より帰つて　富沢　幸男　12―18
国際モスクワ映画大学教授レフ・クレショフ
よりのメッセージ　レフ・クレショフ　16
新入会員　14―15
声
八木進／小谷田亘／田中舜平／村田達二／丸
山章治／野田真吉／肥田侃　15―17
御礼　韮沢正／韮沢志ぐれ　17―18
委員会だより　18―19
加藤松三郎氏の病気について／教育映画研究会
ひらく／会員名簿の発行準備について／プロ
デユーサーを囲む会／九月婦人会員の会につ
いて　18―19
事務局だより
七月分会計報告／八月分会計報告　19
編集後記　小　高　20
1957教育映画祭　主催教育映画総合協議会　20

第三〇号　一九五七（昭和三二）年一〇月二五日

一ケ月半の後に来るもの――私たちは方針を誤まりたくない　運営委員会　1

報告　国立モスクワ映画大学を訪ねて　富沢　幸男　2－4

会員の動静　2－11

声

諸岡青人／西沢豪／岡野薫子／道林一郎／肥田侃／坂田邦臣／岩崎太郎／かんけ・まり／村田達二／牧野守／秦康夫／藤原智子／小島義史／飯田勢一郎／永富映次郎／富岡捷／田中舜平／村上雅英／松本俊夫　4－6

おわび（＊前号「プロデユーサーにものをきく会」記事について）　会報編集部　6

シナリオグループのことなど　丹生　正　7－8

腹の痛まない話――お礼に代えて　加藤松三郎　8

十月の助監督部会から　渡辺　正己　9

南鮮、京城（ソール）〝ドーンスター・ムービー・センター〟より交流の呼びかけ　9

九月分会計報告　11

大沼鉄郎君の病状とその経過について　杉山　正美　11

一九五七年教育映画祭入選作品きまる　12

編集後記　加　藤　12

第三一号　一九五七（昭和三二）年一二月二〇日

第四回教育映画作家協会定例総会特集

第四回定例総会にあたつて報告と提案　運営委員会　1－8

協会のうごき――事務局報告　事　務　局　8

昭和三十二年度会計報告　9

会員の動静　2－9・15

人間の三つの型――会員総会をまえに思う　加藤松三郎　9－10

誰かがやるだろう　丸山　章治　10

年末につき、未納会費その他を清算してください　10

おわび（＊会員名簿発行）　10

作家の主体ということ——総会によせて、作家の魂によびかける　松本　俊夫　11–15
助監督部総会をひらきます　11
声
加藤松三郎／豊田敬太／無名氏／谷川義雄／村田達二／松本俊夫／野田真吉／吉見泰　12–14
会計報告（十月分／十一月分）　14–15
ギヤランテイのこと　無記名氏　16–17
協会のあゆみ　17–18
「原水爆実験即時禁止」の声明をだそう　野田　真吉　18
編集後記　加　藤　18

号外（*④）　一九五七（昭和三二）年一二月三〇日
第四回定例総会盛況のうちに終る　(1)
会報の機関誌化などきまる——総会の決定事項　(2)–(3)
新役員きまる　(3)–(4)
核兵器の使用と実験禁止に関する声明　(2)
ついに赤字のまま越年　苦しかった協会財政　事　務　局　(4)
あとがき　加　藤　(4)

第三二号　一九五八（昭和三三）年二月一〇日
協会機関誌の刊行準備すすむ——三月に刊行の予定　(1)
機関誌の題名は教育映画作家協会機関誌『記録映画研究』ときまる　(1)
電話番号変更のおしらせ　教育映画作家協会　(1)
機関誌刊行の計画と経過　谷　川　(1)–(2)
アルスと提携具体化——機関誌の活版刊行　岩　佐　(2)
機関誌編集部会員　(2)
一九五八年度教育映画作家協会新役員きまる　(3)
委員会だより　(3)
協会事務局移動のおしらせ　(3)
会員の動静　(3)
会計報告（十二月分／一月分）　(3)–(4)
研究活動の充実と仕事あっせんの強化など助監

総会ひらく　事務局 (4)
事務局だより (4)
会費を払ってください！ (4)

第三三号　一九五八（昭和三三）年三月二五日

機関誌の題名を教育映画作家協会機関誌『記録映画』として四月創刊めざして準備中 (1)
一九五七年度教育短篇映画製作状況（『視聴覚教育ニュース』四〇二号より抜萃） (2)
会員の動静 (2)-(4)
英国記録映画「夜行郵便」／中国歌舞団公演 (3)
フリー助監督会員の方に　事務局 (3)
フリー助監督生活対策活動の準備すすむ　フリー助監督生活対策準備委員会 (4)
健康保険証が交換になります (4)
会計報告（二月分） (4)
声　永富映次郎／坊野貞男 (4)
付録に「会員住所録」を添付 (4)

第三四号　一九五八（昭和三三）年五月二五日

厚木たかさんヨーロッパに旅立つ！ 1
ごあいさつ　厚木たか／櫛田ふき 1
機関誌『記録映画』やっと創刊！ 1
フリー助監督総会の報告　フリー助監督選出の運営委員会 2-3
会員の動静 2-4・6
声　永富映次郎／深江正彦／松本俊夫／島谷陽一郎／加藤松三郎／肥田侃／大沼鉄郎／丹生正／高綱則之／赤佐政治／入江勝也／丸山章治 3-5
お願い　谷川　義雄 5
委員会だより 5-6
新入会員 5
おしらせ　学習研究社映画部／科学映画社 5
会計報告（三月分／四月分） 6

号外（＊⑤）　一九五八（昭和三三）年七月一一日
事務局の小高美秋君が辞めることになりました　運営委員会　1
あいさつ　小高　美秋　1
小高美秋君、退職金カンパのお願い
運営委員会　2
事務局報告　2
会計報告（五月分／六月分）　2

第三五号　一九五八（昭和三三）年七月三〇日
機関誌『記録映画』第2号以降の発行について
運営委員会　(1)
暑中御見舞が協会にきました　(1)
事務局員に山内重己君　運営委員会　(1)
委員会だより　委員会の新体制／『記録映画』
3号の内容きまる　(2)
『記録映画』（第二号）八月号発行　(2)
〝アジアの映画を見る会〟第一回例会のお知らせ　(2)
お詫びとお願い（＊会費納入）　吉見　泰　(2)
協会員の動静　(3)
声
西尾善介／樺島清一／豊田敬太／藤原智子／
岩堀喜久男　(4)
新入会員　(4)

第三五号号外　一九五八（昭和三三）年七月三〇日
フリー助監督緊急総会報告　川本　博康　(1)

第三六号　一九五八（昭和三三）年八月二七日
委員会だより
常任運営委も決り『記録映画』も毎月二七日
発行　協会の企画も機動にのりつゝあり　(1)-(2)
協会活動日誌（八月）　(2)
暑中見舞が協会に来ました（つゞき）　(2)
厚木たかさんを囲み楽しいヨーロッパ帰国報告会　(2)

協会員の動静 (3)
『記録映画』第三号九月号発行 (3)
おしらせ (4)
アジアの映画を見る会第二回例会の予告 (4)
新入会員 (4)
七月分会計報告 (4)
あとがき　山之内 (4)

第三七号　一九五八（昭和三三）年九月二七日

これからの『記録映画』の内容について検討
短編記録映画の劇場上映について――運営委、編集委合同会議 (1)
〃教育映画祭のこと〃〃勤評問題と教育映画について〃――十一月号『記録映画』をよりよく　編集委員会 (2)
協会活動日誌（九月） (2)
『記録映画』に原稿をおゝくり下さい！ (2)
協会員の動静 (3)
協会よりのお知らせ (3)
『記録映画』第四号十月号発行 (3)
うごき　エス・エイゼンシュテイン「戦艦ポチョムキン」――今秋に上映運動を (4)
試写研究会のお知らせ　運営委員会 (4)
国民文化全国会議に〃短編映画の現状と普及上映の今後の問題点〃のパンフレットを発行、提案！ (4)
住所変更その他 (4)
あとがき　山之内 (4)
八月分会計報告（協会関係／『記録映画』関係） (4)

第三八号　一九五八（昭和三三）年一〇月二七日

警職法反対声明を発表〃作家活動の統制に絶対反対を〃総会を六分科会にわけて開く――緊急運営委会議 (1)
『記録映画』の経営方針きまる　協会費滞納者について　運営委員会 (2)
十二月号は〃暗い谷間〃を中心に　一月号に亀井文夫氏を囲み　編集委員会 (2)

動静 (3)
『記録映画』経営委員会／『記録映画』編集委員会 (3)
映画雑誌の紹介 (3)
十月活動日誌 (4)
菅家さんよりお礼の手紙　菅家　陳彦 (4)
佐々木君が新しく編集事務局員に　運営委員会 (4)
住所変更その他 (4)
新入会のお知らせ (4)
九月分会計報告（『記録映画』関係／協会関係） (4)

号外（＊⑥）　一九五八（昭和三三）年一一月五日

警職法に対しアンケートをお丶くり下さい (1)
警職法改正反対運動日誌 (1)-(2)
演劇映画陣ぞくぞくと反対署名 (2)
「荷車の歌」スタッフ一同警職法反対に声明を発表 (2)
総会、六分科会についての内容のお知らせ！ (2)
記録映画分科会の方針と組織　野　田 (2)
アニメーション部門計画書　吉岡宗阿弥 (2)

第三九号　一九五八（昭和三三）年一一月二八日

警職法反対短篇映画「悪法」完成――総会草案原稿を十二月十三日までに　運営委員会 1
お礼　小高　美秋 1
総会各分科会を十一月中に開く　運営委員会 2
第五回定例総会お知らせ 2
活動日誌 2
十月分会計報告（『記録映画』関係／協会） 2
警職法改悪反対の人々――アンケートより
岡本昌雄／丸山章治／間宮則夫／富岡捷／八幡省三／丹生正／羽田澄子／西尾善介／日高昭／岩佐氏寿／楠木徳男／八木仁平／加藤松三郎／永富映次郎／徳永瑞夫／桑野茂／松本俊夫／荒井英郎／苗田康夫／能登節雄／肥田侃／久保田義久／杉原せつ／中島日出夫／谷川義雄／吉田和雄／河野哲二／矢部正男／松崎与志人／野田真吉／竹内信次／豊田敬太／

大沼鉄郎／小島義史／榛葉豊明／村田達二／豊富靖／大久保信哉／高綱則之／黒木和雄／西沢豪／渡辺亨／頓宮慶蔵／諸岡青人／厚木たか／花松正ト／諸橋一／森田純／深江正彦／石田修　3-5
動静　5-6
住所変更　6

第四〇号　一九五九（昭和三四）年一月
今后の協会の方針と編集方針を討議！——第一回常任運営委員会　1
新役員紹介　1
協会の方針と『記録映画』の自主体制新役員のもと——一月十二日新運営委員会　2
年賀状が協会に来ました　2
教育映画作家協会第五回定例総会報告——とき十二月二七日（土）后　ところ中央会館集会所　3-4
声　谷川　義雄　4
会費調整について　4
動静　5-6
事務局よりお願い　会員名簿／前売巻　6
『記録映画』二月号一月末日に発行　6
会員変動のお知らせ　6
住所変更　6
「松川事件」公正裁判を行え、の決議をきめる　6
『記録映画』財政十二月分／協会財政十二月分　6

第四一号　一九五九（昭和三四）年二月一〇日
会報を有効に生し会費の額の原則は変へない！——第二回運営委員会報告　1
固定読者拡大と当面の雑誌予算をたてる！——経営委員会報告　2
映画研究会お知らせ　記録映画　2
試写会のお知らせ　短篇映画　2
解説　社会教育法一部改正案と社会教育の自主性を守る運動について　3
『記録映画』三月号予告　3

動静　4－5
会費調整について　5
事務局よりお知らせ
会費調整について／会員名簿／雑誌『記録映画』の固定読者を／前売券／映画雑誌の紹介／健保に加入されている方々へ　6
住所変更　6
会員変動のお知らせ　6
協会財政会計報告一月分／『記録映画』会計報告　6

第四二号　一九五九（昭和三四）年三月一〇日

固定読者をふやし雑誌財政を確立しよう！――二月二〇日常任委員会報告　1
自主出版にあたり計画を充つに！――二月十四日経営委員会報告　1－2
〝TVと映画界の現状〟についての話し合いフェスティバルを国内でも開く！――国民文化会議映画部会　2
研究会お知らせ　〝TVと映画界の現状について〟懇談会　2
試写会のお知らせ　特別試写会／短編試写会　2
『記録映画』4月号予告　2
解説
（1）社会教育法改正案について（その2）　3
（2）文部省良書認定制度にたいする反対声明（案）　3
（3）十六ミリ・生フイルムの物品税改正について　4
「戦艦ポチョムキン」上映促進会報告　4
動静　5
会費納入曲線　5
事務局よりお知らせ
会費調整／雑誌『記録映画』の固定読者を！／映画雑誌の紹介／健保に加入されている方々へ　6
会員変動のお知らせ　6
協会財政会計報告二月分／『記録映画』会計報告二月分　6

第四三号　一九五九（昭和三四）年四月一〇日

『記録映画』財政確立月間と事務局体制と給与改正について――拡大常任運営委員会　1
編集に新鮮みを持たせ販売拡大の為の〃ふだん見られない映画を見る会〃を！――経営、編集合同会議　2
解説
(1)短編映画のワクがはずれた　2
(2)新映画倫理規程改正案と独立プロ協組からの意見　3-4
(3)「恋人たち」の税関カットは違憲「夜と霧」は日のめを見なかつた　4
研究会その他映画会のお知らせ
第二回TVと映画界の現状について／「戦艦ポチョムキン」上映促進会東京総会　4
ふだん見られない映画を見る会
チエッコ短編映画とその他／短編試写会のお知らせ　4-5
動き
テレビと映画研究会／8ミリ映画研究会と自主製作について／「悪法」及「日本の政治」で記録映画研究会盛大／総評と中国総工会とで日中合作映画製作の問題提起／「戦艦ポチョムキン」上映促進運動すゝむ／京都の〃記録映画を見る〃会の運動／ソヴエット映画人との懇談会の予告／三十三年度教育映画〃文部大臣賞〃決定／「二十四時間の情事」仏側からカンヌ映画祭出品　5-6
『記録映画』を紹介　6
動静／協会員住所その他変動のお知らせ　7
事務局よりお知らせ
毎月の会費を月内に納入下さい／雑誌『記録映画』の固定読者を会員一人に対し一人取る／映画雑誌『世界映画資料』のあつかいをしています／健保が四月から変りました／映画会及び割引券のあつかい／事務局整備について　8
協会財政会計報告三月分／『記録映画』会計報

告三月分　8

第四四号　一九五九（昭和三四）年五月一〇日

『記録映画』一八〇部の固定読者を持ち一周年記念号を迎える！　〝記録映画を見る会〟第二回を美術映画とドキユメンタリーで――経営委員会　1

『記録映画』六月号予告　1

基本財政を確立し研究会活動を活溌に――運営委員会　2

研究会その他映画会のお知らせ

第三回ＴＶと映画研究会／ソヴエット映画人とのパーテーと懇談会／記録映画を見る会／短編試写会のお知らせ／教材研究会の予告／協会主催の国際短編映画の試写／法政大学土曜講座映画教育のお知らせ　2―3

『記録映画』財政報告四月分　3

動き

第二回ＴＶと映画研究会／労組自主製作とマス・コミ研究会について／第七回世界青年労生平和友好祭「映画部門」実行委員会／国民文化会議運営委員会サークル交流誌その他決定／各プロダクシヨンとの野球大会／雨のメーデーに二〇余名参加／「戦艦ポチョムキン」上映促進全国連絡会議報告／四月二一日の〝ふだん見られない映画を見る会〟の報告／「灰とダイヤモンド」について／各方面の記録映画会の計画に協力　4―5

会報へ意見　岩堀喜久男　5

動静　6

原水爆戦争においやる安保条約改定をくいとめ破棄の運動に協力しよう！（＊標語）　6

国際短編紹介

東和映画配給試写会について／ポーランド及ベルギーの短編映画を紹介／東ドイツ、デーフア映画ドキユメンタリイ「シユパイデル将軍」　7

事務局よりお知らせ

会ヒ滞納の方々へおねがい／機関誌『記録映

画』の固定読者を会員一人に対し一名取って下さい／健保について／映画雑誌『世界映画資料』のあつかいをしています／映画会の案内／事務局より中元手当にあたりおねがい／『戦艦ポチョムキン』『眼』機関紙を贈呈されました　8
住所変更／新入会員　8
協会財政報告四月分　8

第四五号　一九五九（昭和三四）年六月一〇日

『記録映画』財政赤字解消と七月以向の予算決定――経営委員会　1
交換ノートの原稿募集　1
ソ連映画人との懇談会のことと会費滞納者対策を！――常任運営委員会　2
研究会その他映画会のお知らせ
国際短編映画試写と映サ活動家懇談会／記録映画を見る会六月例会のお知らせ／短編試写会のお知らせ／アルジエリアのレジスタンス劇映画の試写映画会予告／第二回労組映画活動研究会のお知らせ　2－3
動き　直接的
五月例会五月二三日二四日記録映画を見る会について／ソヴエト映画人との懇談会／教材映画研究会「春を呼ぶ子等」等のことで／〝戦艦ポチヨムキン上映促進会〟「自主映画上映促進会」と名称／第三回マスコミ研究会「労働者とマスコミ」と対し　3－4
動き（その二）　間接的
（＊東大五月祭で公開討論会）／作家・学者が中心に安保条約改定問題研究会生る。又総評で安保改定反対の映画製作／原水爆禁止五〇〇〇キロ平和大行進六月十日東京出発　4－5
『記録映画』へ意見
西沢豪／大沼鉄郎／藤田幸平／永富映次郎　5
解説　労働組合視聴覚活動の動き！　5－6
動静　7
協会財政報告五月分　7
事務局よりお知らせ

会ヒ滞納の方々へおねがい／機関誌『記録映画』の固定読者を会員一人に対し一名取つて下さい／事務局より中元手当にあたりおねがい 8
映画会及映画割引の御案内 8
住所変更／新入会紹介 8
岩崎太郎さんの実父が亡くなられました
教育映画作家協会運営委員会 8

第四六号 一九五九（昭和三四）年七月一〇日

安保条約改定反対と映画製作のこと 後任運営委員長代理を！——六月三十日運営委員会 1
中村運営委員長辞任と後任について 安保条約問題！——六月十七日運営委員会 2
半ケ年分の映画会レパートリーを 『記録映画』切替に協力方を——六月十三日経営委員会 2
『記録映画』一冊分代金納入と〝映画会〟との関係について 3
研究会その他記録映画会のお知らせ
第四回マス・コミ研究会／記録映画を見る会七月例会のお知らせ／短篇試写会のお知らせ／記録映画研究会のお知らせ！ 3
動き（その1）
映サ活動家懇談会にてもつと話し合うこと／六月二六日の—日本の風土と生活—の映画会の反省／「釘と靴下の対話」を日大映研と研究会開く 4
動き（その2）
教育映画総合協議会の解消／日本証券投資協会で産業文化映画祭を開催／近ごろの劇映画作家の動きあれこれ／京都〝記録映画を見る会〟の運動／自主映画運動と徳島では妨害をけつて上映運動へ 4－5
安保条約改定についての声明
安保条約問題研究会 5
安保条約改定の解説（その一） 6
交換ノート
藤田幸平／山下為男／事務局／永富映次郎 6・8
動静 7

安保条約改定反対の事実がこゝにある　7
安保条約改定反対と映画製作の構想を！
運営委員会　7
協会財政報告六月分／『記録映画』財政六月分　8
住所変更／新入会紹介　8
中元手当のお礼／会員住所録を作りました／交換ノート原稿募集と〝動静〟お送り下さい　8
事務局よりお知らせ
会ヒ滞納の方々へおねがい／機関誌『記録映画』の固定読者を会員一人に対し一名取つて下さい　8

第四七号　一九五九（昭和三四）年八月一日

動き（その1）　安保改定反対映画製作は具体的に進んでいる　1
交換ノート　山下為男／谷川義雄／徳永瑞夫　1・8
安保改定反対映画のシナリオ完成と意見を――
七月二〇日常任運営委　2
安保阻止映画製作シナリオ製作に入る――七月十五日シナリオ委　2
安保改定反対映画製作にシナリオ委を作る――
七月十三日緊急運営委　2
〝平和テーマー〟に八月例会と読者との研究会を　2
安保阻止映画製作委に作協加盟――常任運営委
補充等　7月8日運営委　3
八月の研究会と九、十月記録映画を見る会レパートリー――七月三日経営委　3
解説　安保改定阻止・破棄の道　4－5
研究会その他記録映画を見る会お知らせ
記録映画を見る会八月例会「平和をテーマー」／記録映画を見る会第二回研究会／記録映画研究会お知らせ／短篇試写会のお知らせ　5
動き（その2）
第三回教育映画コンクール決定／チエコ映画製作者「第五福竜丸」一等賞／モスクワ国際映画祭「千羽鶴」など出品／一九五九年産業文化映画祭／「人間の壁」日教組と山本プロとで製作委員会を作り製作へ／自主映画促進第二回上映作品として「アンネの日記」「エ

イゼンシユテイン」等／京都記録映画を見る会〝現代の眼〟をテーマーに大集会／プロ・キノ映画研究会を〝機関紙映ク〟より呼びかけ　6―7
動静　7
『記録映画』意見
大島正明／岩佐氏寿／原田勉／京極高英／羽田澄子／小森幸雄　7
事務局よりお知らせ
住所変更／新入会紹介／安保改定反対映画シナリオに意見を／会費滞納の方々へおねがい／機関誌『記録映画』の固定読者を会員一人に対し一名取つて下さい／会員住所録を作りました／交換ノートの原稿募集と〝動静〟お送り下さい　8
原水爆戦争においやる安保条約改定をくいとめ破棄の署名運動をおこそう（＊標語）　8

第四八号　一九五九（昭和三四）年九月一日

動き（その1）映画「安保条約」完成――作家協会の協力で！　1
雑誌『記録映画』に意見――生活を守る懇談会を！　1
運営委員会は『記録映画』に対する方針をもて――七月二八日第一回合同委員会　2
研究会その他映画会のお知らせ
記録映画を見る会九月例会のお知らせ／世界の記録映画作家研究／「安保条約」試写会お知らせ／九月記録映画研究会お知らせ！／短篇試写会のお知らせ　2―3
動き（その2）
記録映画を見る会第二回研究会で！／「にあんちやん」日活で今村昌平により映画化／イギリスの核武装反対映画東和「生れくる者のために」／八月二日から二週間第一回モスクワ国際映画祭／アジアアフリカ連帯全国会議

で国際映画製作案可決／京都記録映画を見る
会九月の計画／映画観客団体全国会議九月二
〇、二一日に宝塚市にて　3
交換ノート　永富映次郎　3
解説〝記録映画の友の会〟の呼びかけ
記録映画友の会準備会　4
『記録映画』十月号予告　4
動静　5
『記録映画』へ意見
永富映次郎／徳永瑞夫／能登節雄／野田真吉　5
雑誌『記録映画』の方針と財政について——事
務局より　事務局　5
事務局よりお知らせ
会費滞納の方々へおねがい／機関誌『記録映
画』の固定読者を会員一人に対し一名取って
下さい／交換ノート原稿募集と〝動静〟お送
り下さい／住所変更と新入会／移転のお知ら
せ／事務局員加藤せつ子さんにきまる！／協
会財政報告七月分／『記録映画』財政報告　6

第四九号　一九五九（昭和三四）年一〇月一日

炭労合理化反対映画製作へ協力　菅家さんえお
見舞を——九月二十三日常任運営委員会　1
交換ノート　丸山　章治　1
社会性を問題にする作品をも上映——記録映画
を見る会打合せ会　2
合同委員会三回開き意見を出しあう——九月八
日合同委員会　2
大きな芸術運動の中で作家が高まるものとして
——八月二十六日第二回合同委員会　2
動き　記録映画「部落」製作で資金募集　2
映画会及研究会のお知らせ
十月例会記録映画を見る会／フランス美術映
画特集／安保改定反対講演と映画の夕べ／十
月記録映画研究会お知らせ／一九五九年教育
映画祭行事／短篇試写会のお知らせ　3
動き（その1）映画「安保条約」の上映運動
と成果（中間報告）　4-5

『記録映画』え意見
藤田幸平／永富映次郎／丸山章治　5・8
動き（その2）
失業合理化反対の記録映画製作／国民文化全国集会十月中旬に大阪で開催／第三回対外日本紹介映画コンクール／一九五九年教育映画祭入選作品発表さる　6
『記録映画』十一月号予告　6
動静　7
事務局よりお知らせ
所属変更のお知らせ／協会財政報告八月分／『記録映画』財政報告八月分／会費滞納の方々え／機関誌『記録映画』の固定読者を／菅家陳彦さんえお見舞金／十月〝記録映画〟研究会のお知らせ！／安保改正反対講演と映画の夕べ　7－8

号外（＊⑦）　一九五九（昭和三四）年一〇月二〇日
雑誌『記録映画』独立採算と発行基金募集について――十月十四日緊急常任運営経営委員会報告　1－2
合理化と失業に反対する記録映画製作――炭鉱合理化との斗い「失業」三巻の構成　2－3
〝炭鉱合理化〟映画撮影隊九州へ　完成十一月！　3
「安保批判の会」加入と、内容について！　3－4
事務局よりお知らせ、とおねがい！
十月例会記録映画を見る会へ参加下さい／十一月美術映画会のお知らせ／〝記録映画〟友の会準備会　4

第五〇号　一九五九（昭和三四）年一一月一日
動き「失業」炭鉱合理化の斗い十一月九日頃完成試写予定――総評主催の視聴覚全国会議　1
交換ノート　青木　徹　1
十二月総会も近づきつつある　事務局　1
動き　安保批判の会創立総会へ参加と今臨時国

会の重要性 2
『記録映画』12月号予告 2
安保条約改定反対と文化創造を中心に――第4回国民文化全国集会開かる 2
動静①② 3
研究会および映画会のおしらせ
〝記録映画〟友の会準備会／第十四回芸術祭主催映画公演／ドイツ映画の歴史を見る会／西ドイツ映画祭十一月二十五日から三十日までテアトル東京で開催／安保批判と講演と映画の夕／近代美術館の映画講座／雑誌『記録映画』基金募金映画会（予定）／十一月記録映画研究会（予定）／短篇試写会のお知らせ 4
『記録映画』へ意見
青木徹／長野千秋／入江一彰／丹生正／永富映次郎 5
永富映次郎氏の『記録映画』の意見へお答へ
――編集部より 佐々木 5
映画関係書籍雑誌の紹介 5-6
事務局よりお知らせ
機関誌『記録映画』の固定読者を／所属及住所変更のお知らせ／会費滞納されている方々へ 会費をぜひお、さめ下さい／『記録映画』十一月号独立採算で発行なる／菅家陳彦氏お見舞いカンパ合計／協会財政報告九月分／『記録映画』財政報告 6

第五一号 一九五九（昭和三四）年一二月一日

今年の総会は十弐月二十七日（日）新聞会館十二時より自主製作発表と作家の諸権利、記録映画運動について――十一月十八日運営委員会 1
交換ノート 能登 節雄 1
A・A連帯強化、国際映画製作に協力と〝安保批判の会〟へ参加決定――十一月七日常任運営経営委員会 2
動き（1） 安保批判の会の27日統一行動へ参加と大衆カンパ及映画会活動へ協力しよう！ 2
「世界の河」を第二回自主上映運動作品に――

自主上映促進会　2－3
動静　3
研究会および映画会のおしらせ
十二月例会記録映画を見る夕／世界の子供たち特集映画会／安保批判の講演と映画の夕べ！　3
動き（2）「日本映画ペンクラブ」の創立総会　3－4
映画観客団体全国会議——十一月二二、二三日宝塚にて　4
『記録映画』三五年一月号予告　4
事務局よりお知らせ
機関誌『記録映画』の固定読者を／会費滞納されている方々へ　十二月ですので会費をぜひおゝさめ下さい／安保条約批判の会へのカンパ運動に協力下さい／総会は十二月二七日（日）十二時から、新聞会館／菅家陳彦さんよりお手紙がとゞきました／協会財政報告十月分／『記録映画』財政報告十月分　4

号外（＊⑧） 一九五九（昭和三四）年一二月一五日

12月研究会のおしらせ！
記録映画研究会お知らせ！／社会教育映画研究会お知らせ！　(1)
動き　労働組合視聴覚研究全国集会開催要領案　(2)
アジア・アフリカ映画製作準備委員決定、活動を進める　(2)
〝安保批判の会〟資金運動一口百円、カンパニヤへ協力下さい　(2)
総会と会費納入について事務局よりのお願いとお知らせ　(2)
協会財政十一月分／『記録映画』財政十一月分　(2)

号外（＊⑨） 一九六〇（昭和三五）年一月二〇日

一九六〇年度教育映画作家協会新役員一覧表　(1)
年賀状が協会に来ました　皆さんに紹介します！　(1)

〝記録映画〟研究会のお知らせ!
記録映画研究会幹事 (2)
〝社会教育映画〟研究会のお知らせ!
社会教育映画研究会世話人 (2)
映画会その他諸団体会合をお知らせします (2)
協会の皆さんへ　教育映画作家協会事務局 (2)

第五二号　一九六〇(昭和三五)年二月一日

A・A映画製作への方向と労視研への参加　財政組変について──第一回常任運営委員会報告 1
総会決定事項の確認と常任及編集委員を選出・その他──第一回運営委員会報告 1－2
雑誌取扱いのおしらせ 2
動静 2
『記録映画』へ意見!　肥田侃/渡辺正己 2
作家の生活問題と機関誌『記録映画』の方向について──第六回教育映画作家協会総会議事録
(1)一般年次報告(報告者　矢部正男) 3
(2)研究会報告(報告者　野田真吉/岩堀喜久男) 3
(3)雑誌『記録映画』報告(報告者　杉山正美/岩佐氏寿) 3－4
(4)事務局報告(報告者　富沢幸男) 4
(5)会計報告(報告者　富沢幸男) 4
(6)会計監査報告(報告者　八幡省三) 4
(7)今年度の諸報告についての質疑討論 4－6
(8)来年度の方針提案(提案者　矢部正男) 6
(9)来年度の方針に関する討議 6－7
役員改選について 7
第六回総会祝電及メッセージ 7
交換ノート　肥田　侃 7
動き　〝安保批判の会〟よりお礼と募金のお願い!　安保批判の会事務局 8
動き　第二回アジア・アフリカ諸国民連帯会議(コナクリ─ギニアの首都名─会議)日本準備会活動方針 8
第二回アジア・アフリカ諸国民連帯会議(コナ

クリ会議）についてのよびかけ（案）
第二回アジア・アフリカ諸国民連帯会議日本準備会 9
『記録映画』三月号予告 10
事務局よりお知らせ
新入会紹介／機関誌『記録映画』運転資金募集について／二月例会〝記録映画を見る会〟お知らせ／〝若い世代〟特集／所属及住所変更のお知らせ／協会財政報告十二月分／住所変更及動静／『記録映画』財政報告十二月分／『記録映画』財政報告十二月分／富士テレビ編成局映画部から／団体観劇御案内 10・8

第五三号 一九六〇（昭和三五）年三月一日

協会員増加と『記録映画』読者の倍化 予算案を中心――二月十九日運営委員報告 1
生活と権利を守る小委員会 1
生活と権利を守る小委員会発足とAA映画製作について――二月八日常任運営委 1－2
総評映画の批判懇談会 2
『記録映画』四月号予告 2
昭和三十五年度予算
協会一般財政予算／『記録映画』予算／年間事業計画 3
雑誌販売案内 3
協会の皆さんへ呼かけ
（一）協会員をふやしましょう！／（二）機関誌『記録映画』固定倍化の再度のおねがい！／（三）安保批判の会にカンパのおねがい！ 3
記録映画を見る会三月例会その他
実験映画特集／現世代と実験映画特集／実験映画と社会教育映画特集／『記録映画』二周年記念映画会／自主上映春の映画祭／「どん底」民芸公演〆切せまる！ 4
『記録映画』運転資金協力者と金額 4
『記録映画』御意見
大野孝悦／永富映次郎／豊田敬太 4
AA映画製作運動の経過と協力について！ 5
視聴覚センターを各地方に――労視研全国集会

に出席して　杉原せつ／山之内月分　5
動静　6
事務局だより
住所及その他変更のお知らせ／協会財政報告一月分／『記録映画』財政報告一月分　6

第五四号　一九六〇（昭和三五）年四月一日

AA連帯会議へ映画製作の提案「安保批判の会」へのカンパ運動――三月十二日運営委報告　1-2
映画製作委員会への方針と三周年映画会の決定
――三月四日常任運営委報告　2
動静　2
解説　AA諸国民連帯映画製作構想案について　3-4
映画会及研究会おしらせ！
世界の実験映画を見る会／西武記録映画を見る会四月例会／「春香伝」映画会／国立近代美術会館ライブラリー／新作試写会　5
協会財政報告二月分／『記録映画』財政報告二月分　5
解説　文部省選定映画制度について　6
映画研究会報告
社会教育映画研究会　荒井　6-7
記録映画研究会の報告　大沼　7-8
事務局だより
住所変更及その他の変更／運転資金の追加報告／ポールローサ著、厚木たか訳『ドキメンタリー映画論』／新入会者紹介／新事務局員の紹介／「日本デザインセンター」が誕生／健康保険金家族分値上について　8
協会の皆さんへ呼かけ
（一）協会員をふやしましょう！／（二）機関紙『記録映画』固定倍化の再度のお願い！／（三）「安保批判の会」安保条約反対署名とカンパ！　8
『記録映画』へ御意見
原田勉／永富映次郎／藤田幸平　8

第五五号　一九六〇（昭和三五）年五月一日

新予算案の承認と二周年記念パーテーなどで
——四月二十一日運営委員会　1-2
中国合作映画製作など——四月十日常任運営委員会　2-3
故高島一男への追悼の言葉
高島君がいなくなつて残念だ　大沼　鉄郎　3
彼に対する腹立しさと……　桑野　茂　3-4
高島君　岩堀喜久男　4-5
動き
三五年度教育映画祭について／中国地区映画製作講習会に作協より講師派遣／文部省の選定制度に対し新作教育映画研究協議会の動き／二周年記念映画会の成功と実行委員会報告　5
記録映画を見る会映サ協の動き　6
社会教育映画研究会　岩　堀　6
『記録映画』六月号予告　創立二周年記念特集　6
声明　安保批判の会拡大世話人会　7
映画会及研究会のお知らせ
西武記録映画を見る会五月例会／日越友好親善の夕／記録映画を見る会五月例会／国民文化会議映画部会映画研究会／都民劇場文化映画の会　7
『記録映画』へ意見　永富映次郎／豊田敬太　7
動静　8
事務局よりお知らせ
「安保批判の会」安保条約反対署名とカンパについて／運動資金の追加報告／新入会者紹介／住所およびその他のお知らせ／『ドキュメンタリー映画論』発売　8
協会の皆さんへ呼かけ
一、協会員をふやしましよう！／二、機関紙『記録映画』予約倍化の再度のお願い　8
協会財政報告三月分／『記録映画』財政報告三月分　8

第五六号　一九六〇（昭和三五）年六月一日

役員問題で事務局代理に大沼氏を　桑野茂氏へ病気見舞等――五月六日緊急運営委員会　1

雑誌『記録映画』二周年記念懇談会を友の会へ――五月十九日懇談会打合せ会　2

動静　2

『記録映画』へ意見　丹生正／松本俊夫　2

研究会のお知らせ

西武記録映画を見る会六月例会／「わかもの会」第一回自主製作懇談会／ソヴエト名画観賞会／国立近代美術館ライブラリー／自主上映全国促進会にて「アジアの嵐」上映をきめる／松川劇映画自主製作を決定／新作教育映画試写会お知らせ！／研究会のお知らせ六月例会　3-4

岸内閣打倒、新安保破棄の安保阻止斗争は高まる！　4

松川事件劇映画製作運動方針きまる！　4

第三一回メーデーに多数が参加した　4

作家協会・東京シネマに快勝――親善野球大会　4

「安保批判の会」安保条約反対署名と資金カンパ！　4

事務局だより

事務局長代理に大沼鉄郎氏をきめました／雑誌『記録映画』綴込ファイル出来上る／『記録映画』二周年記念懇談会！／桑野茂さん病気見舞カンパのおねがい！／故稲村喜一郎氏を悼みます／新入会者紹介／住所変更及その他お知らせ／協会財政報告四月分／『記録映画』財政報告四月分　5-6

協会の皆さんへ呼かけ

（一）協会員をふやしましょう！／（二）機関誌『記録映画』固定倍化の再度のお願い！　6

第五七号　一九六〇（昭和三五）年七月一日

安保反対統一行動と映画製作について――常任運営委　1

安保阻止記録映画完成近し！　1
『記録映画』へ御意見　飯村隆彦／星合達郎　1
安保阻止岸内閣打倒の統一行動は強まる――安保批判の会　2
動静　3
見る会その他催し
西武記録映画を見る会七月例会／「アジアの嵐」自主上映に参加しよう／〝松川事件〟劇映画実行委員会カンパ活動　3
記録映画研究会五月例会報告　3
新賛助会員の紹介　教育映画作家協会事務局　4
桑野茂氏病気見舞と礼状　桑野　茂　4
交換ノート　飯村　隆彦　4
新入会者紹介／住所変更及その他お知らせ／協会財政報告五月分／『記録映画』財政報告五月分　4

号外（＊⑩） 一九六〇（昭和三五）年七月一日

新安保不承認と映画製作　雑誌『記録映画』財政確立へ――六月二七日運営委員会　1－2
安保体制反対の斗いの新しい段階にあたつて声明　教育映画作家協会運営委員会　2

号外（＊⑪）〈安保問題特集・第1号〉

一九六〇（昭和三五）年七月六日

安保斗争の現状　長野　千秋　1－2
安保反対斗争に参加した人々の声　川本　昌文　2－4
安保批判の会七月二日に声明　4
安保反対映画製作委員会の報告　大　沼　4
民主々義を守る映画人の夕べ　4
民主々義を守る映画人の夕べへのもり上り　西田真佐雄　5
新安保推進首謀者をあばく――国民会議　6
第二十一次統一行動を――国民会議　6
安保反対講演と映画の夕べ　6
安保対策資金一口百円カンパに協会員一人一人が参加しよう　6
協会員へ動員参加の通知　6

第五八号　一九六〇（昭和三五）年八月一日

安保斗争六月十五日に於ける岸内閣の手先暴力団の暴行の報告書　1
記録映画「一九六〇・六月」二二日完成！　1
うごき
「世界の一日」記録映画をソ連より呼びかけ／安保反対、総選挙斗争の為の視聴覚活動の会議開く！／国民文化会議運営委で全国集会のこと／民主主義を守る映画人の夕べ、映画人の会に発足　2
動静　2-3
ガイド・お知らせ！
西武記録映画を見る会八月例会／夏の産業文化映画祭／京都記録映画を見る会八月例会／第二回世界の実験映画を見る会九月中旬に（予告）／『ドキユメンタリイ映画』ポール・ローサー著、厚木たか訳／綴り込み合本フアイル申込受付中　3
中華人民共和国よりお便り　京極／松本　3
事務局だより
プロダクシヨン移転お知らせ！／暑中見舞のお手紙が来ています！／新スタヂオ紹介／安保対策資金カンパ協力のおねがい！／住所変更及その他お知らせ／ポール・ローサー著、厚木たか訳『ドキユメンタリイ映画』発行記念ポールローサー記録映画研究会／協会財政報告六月分／『記録映画』財政報告六月分　4

号外（＊⑫）〈安保問題特集・第2号〉
一九六〇（昭和三五）年八月五日

下からの民主々義を呼びかける「民主々義を守る映画人の夕べ」！　西田真佐雄　1-2
「一九六〇年六月」完成――安保反対映画製作委員会が発足しました　大沼　2
自民、民社、総評で安保記念映画製作！　2

第五九号　一九六〇（昭和三五）年九月一日

安保反対映画製作委のその後　教育映画祭振興会へ作家の意見を——八月十八日運営委員会の報告　1

〝松川事件劇映画〟九月十九日より撮影開始！　1

安保問題と教育映画祭　第二回実験映画会計画きまる——八月十一日常任運営委　2

1960年教育映画祭　2

ガイド・お知らせ

第二回実験映画を見る会／記録映画を見る会／九月例会／西武記録映画を見る会九月例会　3

関西の労働者の手によつて「武器なき斗い」完成！　3

安保批判の会のその後について　矢部　3-4

動静　4

事務局だより

暑中見舞きました／新協会その他の紹介／単行本及雑誌の紹介／映愛連会員の募集をします／綴り込み合本ファイル申込受付中／新入会者紹介／住所変更及その他お知らせ／協会財政報告七月分／『記録映画』財政報告七月分　4

第六〇号　一九六〇（昭和三五）年一〇月一日

労農映画製作を促進　協会、『記録映画』財政ピンチ、滞納一掃に全力を——九月十日運営委員会報告　1

「一九六〇年六月」製作費精算書　2

一九六〇年教育映画祭中央大会日程決定　2

一九六〇年教育映画祭総合振興会議へ出席を　3

ガイド・お知らせ

記録映画を見る会十月例会／教育映画祭中央大会／西武記録映画を見る会十月例会　3

動静　3-4

『記録映画』への意見　熊谷　光三　4

協会員へお願い　富沢　幸男　4

事務局だより

単行本及雑誌の紹介／映愛連会員の募集をします／綴り込み合本ファイル申込受付中／住所変更及びその他お知らせ／新入会者紹介／協会財政報告八月分／『記録映画』財政報告八月分　4

第六一号　一九六〇（昭和三五）年一一月一日

十二月二八日定例総会決定と雑誌『記録映画』の内容と形式――十月二〇日運営委報告　1
教育映画総合振興会議について　2
第二回労視研全国集会要領　2
『記録映画』へ意見　肥田　侃　2
第七回定期総会予告　2
動静
教育映画ガイド
記録映画を見る会十一月例会／記録映画研究会／「武器なき斗い」独立座館で上映！／日ソ協会記念映画会／日大江古田芸術学部祭／法政大学祭／芸術祭主催　3
協会員へお願い　富沢　幸男　4
事務局だより
単行本及雑誌の紹介／映愛連会員の募集をします／綴り込み合本ファイル申込受付中／住所変更及びその他お知らせ／新入会者紹介／協会財政報告九月分／『記録映画』財政報告九月分　4

号外（＊⑬）　一九六〇（昭和三五）年一二月二八日

作家と読者を結ぶ記録映画劇映画ガイド
西武記録映画を見る会一月例会／高知自主上映の会一月例会／国立近代美術館／記録映画研究会一月初会合／国民文化会議全国集会お知らせ／都民劇場映画サークル文化映画シリーズ／「日本の夜と霧」再上映促進の再度の呼びかけに／劇映画「松川事件」一月完成！　1－2
事務局だより
単行本及雑誌の紹介／年末年初の休日と仕事初について／映画サークル会員募集中　2

『記録映画作家協会会報』

第六三号　一九六一（昭和三六）年一月一日

〝総会のまとめ〟と今年の財政方針について
——第一回常任運営委報告　1
住所変更その他お知らせ／新入会者紹介　1
新人事の決定とマンガ映画会三月に行う！——
第一回運営委報告　2
一九六〇年度総会報告　3-4
移転のおしらせ　4
新作十六ミリ教育映画試写会御案内　4
読者と作家を結ぶガイド
一九六〇年度ベスト・テン発表／労働組合視聴覚研究全国集会／映画観客団体全国会議／日本映画復興会議／劇映画「松川事件」自主上映二月二日より決定／「豚と軍艦」「人間の条件」を取り上げ討論会／西武記録映画を見る会二月例会／予告第三回世界実験マンガ映画大会　5-6
『記録映画』に対する意見（アンケートより）
諸橋一／長野千秋／谷川義雄／持田裕生／三上章／楠木徳男／山元敏之／杉山正美／岡本昌雄／松本俊夫／諸岡青人／間宮則夫／大島辰雄／飯村隆彦／丸山章治／黒木和雄／松川八洲雄／飯田勢一郎／小谷田亘／平野克己／浅野辰雄　6-7・2・4
「西陣」記録映画製作に入る！　8
事務局よりお知らせ
単行本及雑誌の紹介／映画サークル会員募集中／協会財政十二月分／『記録映画』財政十二月分　8

第六四号　一九六一（昭和三六）年三月一日

会費滞納と雑誌『記録映画』広告対策と協会員のPRを——二月八日運営委員会報告　1
六三号の会報の正誤表　1
三つの映画関係の会議がもたらしたもの！　2-3

『記録映画』に対する意見
遠藤完七／（＊無記名） 3
読者と作家を結ぶ記録、劇映画ガイド
記録映画「西陣」製作への協力要請！／二二ケ国で「世界の一日」を共同製作／第十二回文化映画の会／西武記録映画を見る会（三月）／記録映画を見る会三月例会／第一回映画講座／PR映画センター設置／第三回実験、前衛マンガ大会 3-4
東ドイツ記録映画「汝、多くの戦友たち」三月下旬に公開 4
動静 4
事務局よりお知らせ
単行本及雑誌の紹介／映画サークル会員募集中／住所変更その他お知らせ 5
記録映画研究会一月例会報告 平野 5-6
協会財政報告（一月分）／『記録映画』財政報告（一月分） 6-7
実験マンガ大会実行委員会日時を三月下旬二回開く！ 7
研究会お知らせ
ドキュメンタリー理論研究会／三月定例記録映画研究会 7

第六五号 一九六一（昭和三六）年四月一日

事務局体制強化と「西陣」記録映画へ協力——三月二四日常任運営委員会報告 1
対外的活動への体制と『記録映画』財政について——三月十日運営委員会報告 1-2
A・A作家会議緊急東京大会の開催にあたつて 2
言論、表現の自由とテロリズムについて（『記録映画』誌上より） 2
ドキュメンタリー通信
西武記録映画を見る会四月例会／一九六一年モダンアート展／記録映画「西陣」製作カンパと完成試写会のお願い／PR映画センター映画会（四月例会）／東ドイツ記録映画「汝多くの戦友よ」自主上映／新東宝を激励する夕べを東京で「胎動記」完成試写とかねて／

国立近代美術館ライブラリー／ライブラリー紹介／京都記録映画を見る会四月例会　3-4

事務局よりお知らせ

単行本及雑誌の紹介／映画サークル会員募集中／新入会者紹介／住所変更その他お知らせ／退会者氏名　4

ドキユメンタリー理論研究会　5

記録映画研究会四月例会　5

新事務局員の紹介　5

協会財政報告（二月分）／『記録映画』財政報告（二月分）　5

動静　5

記録映画「汝多くの戦友たち」の上映とその運動の強化について（機関紙「文化通信」より）　日本労働組合総評議会　6

第六六号　一九六一（昭和三六）年五月一日

『記録映画』三周年記念の計画と映画関係の動き——四月十九日運営委員会　1-2

ドキユメンタリー通信

第四回毎日産業教育映画教室／PR映画センター五月番組／都民劇場映画サークル定期観賞会／新作教育映画試写会、五月例会／教育映画会五月番組／自主上映五月例会／京都記録映画を見る会五月例会／チエコスロバキヤ建国記念週間／西武記録映画を見る会五月例会／国立近代美術館ライブラリー／記録映画「西陣」製作カンパと完成試写会のお知らせ／記録映画研究会五月例会／ドキユメンタリー理論研究会　2-3

動静　4

事務局よりお知らせ

単行本及雑誌の紹介／映画サークル会員募集中／事務局の休みについて／新入会者紹介／住所変更、その他お知らせ／協会財政報告三月分／『記録映画』財政報告（三月分）　4

第六七号　一九六一（昭和三六）年六月一日

作家の作品歴と住所録作成の再度のおねがい！　1
交換ノート
　宮内研／吉見泰／楠木徳男／頓宮慶蔵　1
ドキュメンタリー理論研究会・六月例会／社会教育映画研究会・六月例会／記録映画研究会六月例会　1－2
動静　2
新人シナリオ・エッセイ作品募集　2
広がる政防法反対斗争　3
岩波映画製作所契約者懇談会が結成され会則その他を決定　4
ドキュメンタリー通信
西武記録映画を見る会六月例会／ＰＲ映画センター六月番組／世界を激動させた記録映画会／「日本の夜と霧」五幕劇団新演／新作教育映画試写会六月例会／自主上映六月例会／フランス回顧映画祭六月下旬上映／記録映画「西陣」完成試写会のお知らせ／世界のヒューマン・ドキュメンタリー特集／一九六〇年度日本映画監督新人協会賞／世界山岳映画の夕べ　5－6
事務局よりお知らせ
単行本及雑誌の紹介／住所変更その他お知らせ／協会財政報告四月分／『記録映画』財政報告四月分　6

号外（＊⑭）　一九六一（昭和三六）年六月一日

古川良範さんが急病で国立病院に入院されました　(1)
作家の作品歴と住所録作成にぜひ協力下さい　(1)
機関誌『記録映画』に協会員の協力とお願い　(1)

第六八号　一九六一（昭和三六）年七月一日

政暴法案をほうむろう
　記録映画作家協会運営委員会　1
事務局よりお知らせ

古川良範さんの病気見舞カンパ／〝動静〟についてのお願い　1
雑誌『記録映画』九〇円値上と〝職能組合案〟について討議中——六月十三日運営委員会　2
作家の作品と住所録作成の再度のおねがい！　2
自由映画技術者労働組合規約（草案）　3－5
ドキユメンタリー通信
ドキユメンタリー理論研究会七月例会／記録映画研究会七月例会／西武記録映画を見る会七月例会／自主上映七月例会／特別試写会／新作教育映画試写会七月例会／劇映画「裸の島」上映促進のお知らせ！／PR映画センター七月番組／七月より映画試写会〝山に挑む〟　5－6
動静　6
事務局よりお知らせ
単行本及雑誌の紹介／新入会者紹介／住所変更その他お知らせ／協会財政報告五月分／『記録映画』財政報告五月分　6

第六九号　一九六一（昭和三六）年八月一日

各企業の実状と職能組合に対する意見——七月十九日懇談会　1
雑誌『記録映画』の値上決定と職能組合について——七月七日運営委員会　2
『記録映画』意見及質問
桑木道生／広木正幹／大島辰雄　2
ドキユメンタリー通信
全国視聴覚教育研究大会／第七回教育映画コンクール入選作品発表／一九六一年教育映画祭参加要領決る／劇団民芸公演久保栄記念／単行本あつかいのお知らせ！／西武記録映画を見る会八月例会／新作教育映画試写会八月例会／記録映画「西陣」試写会通知／記録映画「汝多くの戦友たち」八月上映のお知らせ　3
労働協約（草案）　自由映画技術者労働組合　4－5
動静　5
国民文化会議運動方針　5

ドキユメンタリー理論研究会八月例会／記録映画研究会八月例会　6
交換ノート　松川八洲雄／桑木道生／辻本誠吾　6
誌代値上げについてのお願い！　6
事務局よりお知らせ
住所変更その他お知らせ／古川良範さん病気見舞金の集計／協会財政報告六月分／『記録映画』財政報告六月分　6

第七〇号　一九六一（昭和三六）年九月一日

職能組合と運動体について　十月の実験映画を見る会――八月九日運営委懇談会　1
古川良範さんよりのお礼のお手紙　古川　良範　1
ドキユメンタリー通信
ドキユメンタリー理論研究会九月例会／記録映画研究会九月例会／一九六一年教育映画祭／西武記録映画を見る会九月例会／新作教育映画試写会九月例会／日比谷図書館フイルムライブラリー九月番組／PR映画センター九月番組／芸術関係単行本の紹介と斡旋／記録映画「西陣」について　2-3
世界実験ドキメンタリー映画会――第三回実験映画を見る会（予告）　2
国民文化会議映画関係委員会報告　3-4
動静　4
交換ノート　辻本　誠吾　4
『記録映画』十月号（予告）　4
事務局だより
移転と電話変更のお知らせ／住所変更その他お知らせ／新入会者紹介／暑中見舞が作協に参りました／協会財政報告七月分／『記録映画』財政報告七月分　4

資料　一九六一（昭和三六）年九月一二日

職能組合についてのプラン　一九六〇・九・十（第一次案）――事務局提出　1-2

号外（＊⑮） 一九六一（昭和三六）年一〇月一日

動静 1
『記録映画』意見及質問
村田達二／粕三平／広木正幹 1
世界実験ドキメンタリー映画会――第四回実験映画を見る会 1-2
記録映画研究会 2
ドキユメンタリー通信
ドキユメンタリー理論研究会十月例会／新作及国際短編試写会 2
事務局よりお知らせ
（＊『記録映画』新編集担当和田恵美さん）／（＊事務局員給与） 2
事務局より会員の皆さんへ
（＊政暴法）／（＊職能組合）／（＊会費滞納） 2

第七二号 一九六一（昭和三六）年一一月一日

事務局問題と職能組合について――十月十日運営委員会報告 1
『記録映画』十二月号予告 1
ドキメンタリー通信
第二回短編新作試写会お知らせ／ドキメンタリー理論研究会／記録映画研究会／高林陽一作品発表／西武記録映画を見る会十一月例会／新作教育映画試写会十一月例会／国民文化会議研究会議全国代表者会議開催／映画観客団体全国会議開催／「夜と霧」見る会誕生と呼びかけ／「飼育」上映促進の会で上映対策を！ 2-3
事務局よりお知らせ
一、単行本あつかい／二、アラン・レネ監督「夜と霧」他、前売券あつかい／三、「飼育」会員券発行 3
交換ノート
粕三平／広木正幹 3

記録映画「西陣」自主上映にふみきる！　3
中国映画祭が十一月に始る　3
シナリオ募集コンクールで現在まで次の作品が集まりました　3
第六回全日本学生自主映画祭　3－4
事務局よりおねがい
一、事務局について／二、名簿作成について／三、国民文化会議個人会員募集中／四、研究会部員募集中／五、十一月中に滞納金を納入して下さい　4
住所変更その他お知らせ／協会財政報告八月分／『記録映画』財政報告八月分／協会財政報告九月分／『記録映画』財政報告九月分　4

号外（＊⑯）　一九六一（昭和三六）年一二月一一日

新事務局十二月末新宿に移転！　1
会費滞納者へ訴えとお願い！　記録映画作家協会運営委員会　1
事務局移転と新運動方針案について――十一月二五日運営員会報告／十二月二日運営委員会報告　2
事務局だより
（1）年末、年始の事務局の仕事について／（2）事務局移転／（3）作品歴と住所簿　2
住所変更その他お知らせ／新入会者紹介／協会財政報告10月／『記録映画』財政報告10月　2

第七三号　一九六二（昭和三七）年二月一日

協会員へおねがいと呼びかけ！　1
新事務局のお知らせ！　1
住所変更その他お知らせ！　1
記録映画作家協会第八回定例総会報告書　2－3
第一回運営委員会報告　3
第一回常任運営委員会　3－4
研究会報告とお願い　西本　4－5
第八回世界青年学生平和友好祭について　事務局　5
第七回映画観客団体全国会議　5

ドキメンタリー通信
ドキメンタリー理論研究会／記録映画研究会／第六回世界の実験映画を見る会／ミリオン・パール賞発表会　6
12月分協会財政報告／12月分『記録映画』財政報告　6

第七四号　一九六二（昭和三七）年三月一日

白鳥事件の映画化について　昭和三七年度予算審議――二月二八日運営委報告　1
ギヤアラ基準をきめること、会費の前納制について――二月十九日常任運営委報告　2
動静　2-3
映画照明技術者労働組合規約（写）　3
事務局だより
協会員のお見舞について／仕事の斡旋手数料／会ヒ滞納についてお願い！／会ヒ前納のお願い！／作品歴つき会員名簿について／新入会員者紹介／住所変更その他お知らせ！／1月分『記録映画』財政／1月分協会財政　4

第七五号　一九六二（昭和三七）年四月一〇日

製作運動、生活対策などと財政縮少案討議――三月二六日拡大財政常任運営委員会　1
一九六二年メーデーに参加下さい！　1
白鳥事件映画第一次ロケハン終る　運動部　2
財政困難を乗切ろう――拡大財政部会の問題提起　2
住所変更その他お知らせ　2
動静　2
フリー助監督の仕事斡旋何％か納入で活潑化へ――生活対策部で検討中　2
国税通則法案が通れば協会も納税の対象に　2
事務局よりお知らせ　事務局　3
一、“戦後の記録映画運動について”の私案について／二、国民文化全国集会のお知らせ／三、西武記録映画を見る会もつと活用しよ

う／2月分『記録映画』財政／2月分協会財政　4・3

第七六号　一九六二（昭和三七）年五月一五日

協会活動半年間の総括をめざして　六月末を目標に——五月十一日常任運営委員会報告　1
「芸術映画を見る会」決まる　運営委員会　1
協会会費前納制を訴える　運営委員会　2
製作運動部会報告　2
ギヤラ基準の改訂と生活を守る対策部について　生活対策部　3―4
芸術映画を見る会と西武文化ホールを活用——四月十二、十九日運営委員会　4―5
東京労視研集会お知らせ　5
諸橋一氏よりお祝の手紙が来ました！　諸橋　一　5
住所変更その他おしらせ　5
動静　5
会合のお知らせ
五月三〇日運営委員会／六月二四日拡大運営委員会　5
事務局よりお知らせ
第七回芸術映画を見る会／図書販売の斡旋／野球大会のお知らせについて／協会3月財政／『記録映画』3月財政　6

第七七号　一九六二（昭和三七）年六月五日

記録映画作家協会在京者全員集会開催のお知らせ——日時六月二四日（日）后一時～五時　場所厚生年金会館会議室　1
協会会費前納制六月に実行！　富沢　幸男　2
「作品個展を開きましょう」会員に呼びかけ　製作運動部　2
ギヤラ基準と生活対策について——五月三十日運営委員会報告　3
協会4月財政／『記録映画』4月財政　3
事務局よりお知らせ
第七回芸術映画を見る会／図書販売の斡旋／

住所変更と新入会その他／野球大会について　4
短篇映画界の不況に対処する生活を守るための話し合い呼びかけ　生活対策部　4

第七八号　一九六二（昭和三七）年七月一五日
在京者全員集会の報告――六月二四日後一時厚生年金会館
議案書（要約）　1－3
A、生活と権利を守る斗いを推し進めよう！　生活対策部　3－4
B、製作運動を広めるために！　製作運動部　4
C、研究会活動報告　研究会部　4
運営委員会（七月二日）の報告　4－5
事務局のお知らせ
住所及所属変更追加／新入会員のお知らせ　5
第十三回ヴェニス国際記録映画祭入賞発表　5
MOM労組の支援を決定　6
「支援声明」　作協運営委　6
「抗議」　作協運営委　6

七月協会日程のお知らせ
ドキュメンタリー研究会／西武記録映画を見る会／記録映画研究会／A・T・G　6
事務局よりお知らせ
ギャラ基準改訂委員会について／フリー会員仕事斡旋にあたつて二％（ギャラ手取）の納入確認／助監督部会結成のよびかけ／住所変更その他お知らせ！／新入会員紹介／図書販売の斡旋／自昭和36年12月1日至昭和37年5月31日37年度上半期作家協会財政報告書／貸借対照表　7

第七九号　一九六二（昭和三七）年八月一五日
ギャラ基準委と8ミリ講座――七月二十一日運営委報告　1
作家の位置をPRする――ギャラ基準委報告　1－2
第一回8ミリ映画講座打合せ会／第二回打合せ会　2
会費前納制実施に再度の呼びかけ　富沢　幸男　2－3

全国農村映画協会労働組合設立の御あいさつ
　全国農村映画協会労働組合　3
全農映労組結成へ支援声明をおくる！
　記録映画作家協会運営委員会　3
事務局だより
8ミリ映画講座へのおさそい！／8ミリ映画劇場（入場無料）／日仏交換映画祭／近代映画協会「人間」ロードシヨウ／ドキユメンタリー理論研究会／PR映画センター（入場無料）／西武記録映画を見る会九月例会／第三回東京国際アマチユア映画コンクール／東京労映発足会員募集中／図書販売の斡旋／第九回教育映画コンクール／第十七回芸術祭主催公演「世界の映画」開催／フリー会員仕事斡旋にあたつて二％（ギヤラ手取）の納入実施／助監督部会結成のよびかけ／住所変更お知らせ！／新入会員紹介／雑誌『記録映画』直接購読のおねがい／6月財政（『記録映画』）／6月財政（協会）　4−6

第八〇号　一九六二（昭和三七）年九月二五日

契約のことや来期の方向について——九月一日
　常任運営委員会報告　1−2
一九六二年度国民文化会議大会について　2
映画「白鳥事件」製作基金協力のお願い　2−3
動静／新入会者紹介　3
一九六二年度教育映画祭決定事項と内容　3
第二回中国映画祭のお知らせ　3
九月下旬—十月上旬催し物、研究会お知らせ
8ミリ映画講座／大河内伝次郎を偲ぶ会／「乳房を抱く娘たち」試写会／記録映画研究会／新作短編試写会／教育映画祭／ドキユメンタリー理論研究会／日本読売新聞〝講演と映画の会〟　4
八ミリ映画講座はじまる　4
（＊財政）協会（7月）／『記録映画』（7月）　4

第八一号　一九六二（昭和三七）年一一月一六日

第九回定期総会をめざして　常任運営委員会　1
運営委員会討議内容の要旨　事　務　局　1-2
西武記録映画を見る会　2
会費納入に御協力下さい　2
お知らせ
ドキュメンタリー理論研究会／『記録映画』三十六年度バックナンバー　2
8ミリ講座調査表　3
新事務局員に櫛野義明君　山之内重己君は賛助会員に　大　沼　3
御あいさつ　山之内重己　3
動静　4
（＊財政）協会（9月・10月）／『記録映画』（9月・10月）　4

第八二号　一九六三（昭和三八）年二月一日

苦難を予想される今年　一人一人が現実の生活と創作活動に作家的斗いを推し進めてゆこう　1
（＊標語）
第九回定例総会問題点とその総括　1-3
本年度第一回運営委員会決定事項　3
会員のひろば
誰も野たれ死にはしない　新理研映画労組有志　3-5
三井プロの斗い　三井プロ労組有志　5
西武記録映画を見る会（二月例会）　6
年賀　6
読者から　6
新入会／動静　7
通信　8
あとがき　8
時の話題　盗作事件　8

第八三号　一九六三（昭和三八）年二月一五日

本年度各部活動方針
生活・権利対策部　1―2
研究会部　大沼　2
組織部　2―3
財政部　3―4
西武記録映画を見る会三月例会　4
声明　国民文化会議　4
お知らせ
（＊各プロダクシヨンから）／（＊シナリオ・ライブラリー設置）／（＊会費滞納）／『記録映画』の売れ行き／（＊図書一割引）／ドキュメンタリー理論研究会／運営委員会／（＊ゼイキン問題相談日）／（＊西武個展の感想等）　4―5
動静　5
通信　5
時評　中ソ論争　丸山　章治　6
あとがき　6
12月協会財政報告／1月協会財政報告　6

第八四号　一九六三（昭和三八）年三月二五日

作家協会は作家の集団として、会員共通の利益を守るために、果して何をなしうるか
組織部報告　苗田　康夫　1―2
運営委員会報告　2―3
常任委員会報告　3―4
キューバ芸術家支援のアッピール
A・A作家会議日本協議会／国民文化会議／新日本文学会　3
西武記録映画を見る会四月例会――岩佐氏寿作品集　4
「ひとりっ子」問題について　4
新入会　5
動静　5―6
通信　6―7
現場通信　South and West Africa ロケ便り／

第二信　西本　祥子　7－9
日映新社労組スト突入　9
2月協会財政報告　9
時評　吉田石松老人の無罪　丸山　章治　10
お知らせ　名簿作成について　ほか　10

第八五号　一九六三（昭和三八）年四月二五日

米原子力潜水艦の寄港にみんなで反対しよう　1
協会は一部の者のための組織ではない――職能組合の論議に寄せて　事務局長　1－3
照明労組の結成と今後の方向について　田畑　正一　3－6
短篇映画連合各労組における契約者問題について――組織部報告　苗田　康夫　6－7
助監督の期間契約の場合最低月三万以上を獲得するようにしよう　8
芸能人国民健康保険について　8
運営委員会　8
常任運営委員会　8－9
『記録映画』カンパの状態　8－9
西武記録映画を見る会七月例会――大沼鉄郎作品集（自作紹介）　大沼　鉄郎　9－10
現場通信　South and West Africa ロケ便り第三信／第四信　西本　祥子　10－13
動静／新入会／脱会　13
通信　13－14
時評　野次と妨害　丸山　章治　14
「新暴力法」問題ノート　15
川崎シネ・グループ発足　15
お知らせ
「新暴力法」研究会／運営委員会／新作教育映画試写会／国民文化会議／ドキメンタリー理論研究会　15
「ひとりつ子」を放送させるための闘いの方針　16
3月分協会財政　16

号外（＊⑰）〈原子力潜水艦寄港問題特集〉　一九六三（昭和三八）年五月一四日
五月二十日の原子力潜水艦寄港反対中央集会に参加しよう　1－2
運営委員会で反対決議『記録映画』編集委員会と共同声明を発する　2
「日常の政治から疎外されている現状をあばき、米原子力潜水艦寄港反対を訴える」自主映画運動がおこる　2
企画書　楠木　徳男　2－4
署名運動について　4

第八六号　一九六三（昭和三八）年七月二〇日
協会の財政危機打開のために　1
新入会　2－3
動静　3－4
通信　4－5
お知らせ
『記録映画』用ファイル／記録映画研究会　5
五月以降の『記録映画』カンパの状態　5
祖国へ往き来する自由を！
在日朝鮮人の祖国往来実現にご支援をお願いします　許　南　麒　6－7
原子力潜水艦をおいはらうために　7
（＊「記録映画作家名簿」完成）　7
大沼鉄郎作品集　8
四月協会財政／五月協会財政　8

第八七号　一九六三（昭和三八）年八月二〇日
組織の総力を挙げて危機を克服し新たな展望をきりひらこう　事　務　局　1－4
掲示板　4
西武記録映画を見る会八月例会――吉見泰作品集
「ミクロの世界」「パルスの世界」　吉見　泰　5－6
西武記録映画を見る会九月例会――吉田六郎作品集

三つの作品を選んだわけ　吉田　六郎　6－7
動静　7－8
通信　8
新入会　8－9
動静と通信の追加　9
お知らせとお願い　9
六月協会財政／七月協会財政　10

第八八号　一九六三（昭和三八）年九月一九日
臨時総会を中止し、そして定期総会にむけて新しい運動の方向を見出そう　1－3
これまでの運営委員会での討論の要点
（Ⅰ）協会は危機に陥っている／（Ⅱ）連帯の基礎は何であるべきか／（Ⅲ）機関誌をめぐって／（Ⅳ）芸術運動のありかた／（Ⅴ）作家協会の運動論／（Ⅵ）構想実現のためのプログラム　4－6
通信　7
暑中見舞・残暑見舞／脱会／カンパ／消息／仕事／事務所　7－8
八月財政報告　8

第八九号　一九六三（昭和三八）年一一月五日
総会に向けての討論（第一回）職能組織と芸術運動に関する至極初歩的な原則について——作家協会の「危機」克服のためのささやかな提案　花松正卜／高橋昭治　1－6
掲示板　6
記録映画作家協会論のためのノート　東　陽一　7－8
新入会　8
9月財政報告　8

第九〇号　一九六四（昭和三九）年一月二〇日
総会報告・臨時総会特集
協会のあらたな運動を志向する臨時総会　1
会費滞納者の方におねがい　1－2

議事録
事務局長一般年次報告／生活・権利対策部の報告／組織部報告／研究部会報告／編集部報告／財政・事業部報告／会計監査／活動報告についての質疑応答／協会内部の危機について／運動方針について／来年度方針案討議 2―9
年賀／移転又は電話変更／会員住所変更／新入会／通信 9―10
あとがき 10

号外（＊⑱） 一九六四（昭和三九）年二月一日
特集Ⅱ 臨時総会にむけて――会報、雑誌『記録映画』、総会での討論（あるいはその議事録）などを参考に、協会の性格・方針・活動の問題・『記録映画』の問題等についての意見
川本博康／中村久亥／原田勉／泉田昌慶／菊池康治／丸山章治／斉藤茂夫／楠木徳男／吉見泰／山元敏之／樺島清一／日高昭／豊田敬太／江原哲人／池田元嘉／長野千秋／間宮則夫 1―5
動静 5
通信 6
新入会／脱会 6
会員名簿一覧表（一九〇名） 7―8

第九一号 一九六四（昭和三九）年二月二四日
新方針および新役員のもとに新しい運動を！ 1
協会の生きる道――来年度運動方針 1―2
作家・プロダクション・観客の統一による創造活動の発展を――第一〇回定例総会の総括と本年度の運動方針について 3―4
運動方針の具体化について 5―6
企業支部結成の呼びかけ 星山 圭 6
作る側と見る側と 阿部 慎一 7
「閑心遠目」 加納 竜一 8
記録映画の作家 上野 耕三 8
通信 9

新入会／脱会　9
会員動静　9－12
『記録映画』の担当委員から　徳永　瑞夫　12
二月のトピックス
　第15回ブルーリボン賞「ある機関助士」／第十八回毎日映画コンクール入選決る「生命誕生」「ある機関助士」など六作品／第12回都教育映画コンクール受賞作品きまる金賞に「生命誕生」「土と愛」など／カンヌ青少年向け国際映画祭に入賞外務省「現代日本の美術工芸」／カンヌTV映画祭に「あるガン患者の記録」参加／岩波映画「メダカの卵」メルボルン映画祭へ／〝記録映画の現状と問題点〟16日NHKで放送／文部省、視聴覚教育の新年度予算／一月の完成作品／日本大学映画学科、昨年は三四本を作る／東京12チャンネルフイルム番組ほゞ出揃う　13－19
健康保険料納入についてのお願い　14
アンケートについてのおねがい　15
シナリオ・ライブラリーの設置について　17
日本映画復興会議からの呼びかけ　19－20
一九六六年、日本で初めての国際映画を待とう　20
実験映画の試みを　菅　家　20
12月財政報告／1月財政報告　21

第九二号　一九六四（昭和三九）年三月二五日

作家の権利と社会的責任　常任運営委員会　1－3
「青年」の問題について　黒木　和雄　4－6
健康保険の未納について　運営委員会　6
運営委員会報告
　二月十七日常任運営委員会／三月十一日運営委員会／三月十六日拡大常任運営委員会　7－9
日本映画発展の道──日本映画復興会議から　9－10
ジヨルジユ・サドウル氏との懇話会について　10
第三回アジア・アフリカ映画祭の原則と目的　11
支部報告
　東京シネマ支部（渡辺正己）／電通映画社支部／日本技術映画社支部（星山）／市ヶ谷支部／三井プロダクシヨン支部　12－13

三月のトピックス
仏・国際フイルム大量に入荷紹介／ナックカメラ〝サーキノ〟（三六〇度映画用）製作四月開場の科学財団円形劇場で公開／日本自転車振興会が国際映画祭出品補助第十七回カンヌ映画祭には電通「挑戦」／国連の新作フイルム貸出・国連東京広報センター　14-16
日本フイルムの立場を守ろう——多くなつた海外引合い　16-17
「斗魂の記録」スポーツ映画祭で銀賞　17
昭和三八年度文部大臣賞きまる——「土と愛」「おふくろ」「せろひきし」に　17-18
支部報告　東京シネマ支部　18
通信／入会　18
意見
橘逸夫／間宮則夫／東陽一／星山圭／唐木武人／大久保信哉／辻本誠吉／大林義敬／松尾一郎／松本公雄／豊田敬太／江原哲人／平野克己／樺島清一／村田達二／肥田侃／永岡秀子／諏訪淳／花松正ト　18-20
動静　20-22
プロダクション便り　電通　22
長野の旅から——長野県教育委員会・長野県視聴覚教育協議会・長野県視覚教育協会主催による八ミリ映画講習会を終えて　菅家　23-24
2月財政報告
2月収支報告／債権・債務報告（2月末日現在）　25-26
健康保険料4月より値上げ　26
3月健康保険費収支報告／未納健康保険費報告　27
機関誌『記録映画』についての中間報告　徳永瑞夫　28
『記録映画』の原稿を募集します　『記録映画』編集部　28

第九三号　一九六四（昭和三九）年五月八日

試写会の通知について　1
ジョルジュ・サドウル氏との懇談会　1

芸能人健康保険についてのお知らせとお願い　1－2
アジア・アフリカ映画祭から帰って
吉見　泰　2
運営委員会報告
四月九日運営委員会／五月四日運営委員会／五月七日運営委員会　2－5
作品発表と経験交流集会――勤労者八ミリ映画運動と発展のために！　5
企業支部便り
日本技術映画社（星山圭）／市ヶ谷支部　6－7
事務局員の交替　7
事務所移転のお知らせ　7
事務局だより　8

第九四号　一九六四（昭和三九）年六月一七日
黒木問題についての報告
運営委員会　1－2
作品発表会について　3
運営委員会報告
五月二十日常任運営委員会／五月二十三日運営委員会／六月三日運営委員会／六月八日運営委員会　3－5
月例会のお知らせ　5
会員動静　5－6
意見・便り・提案
豊田敬太／浅野辰雄／魚好辰夫／橘逸夫／荒井英郎／広木正幹／野田真吉／加藤松三郎／豊富靖　6－8
〝八ミリ講習会〟の講師要請について　8
事務局だより　8

第九五号　一九六四（昭和三九）年七月二七日
運営委員会報告
六月十七日常任運営委員会／六月二十六日運営委員会／七月七日運営委員会／七月十九日運営委員会　1－4
会員動静　4－5
意見・便り・提案
藁谷勲／村田達二／西江孝之／日高昭／辻本

誠吾／丸山章治／佐藤みち子　5－7
映演共斗会議の訴え――東映の委員長首切り、組合弾圧、映画の反動化に抗議を！　映演共斗会議　7－9
月例会報告　K　9
事務局だより　9－10

第九六号　一九六四（昭和三九）年一一月二〇日

シンポジュウムの総括　運営委員会　1－7
シンポジュウムの経過と討論の要旨　7－18
真に統一をかちとる臨時総会を……　運営委員会　18－20
運営委員会報告
　八月一二日運営委員会／九月一日運営委員会／九月十一日運営委員会／九月十七日運営委員会／九月二十五日運営委員会／十月二十三日運営委員会／十一月六日運営委員会　20－24
（＊頓宮慶蔵氏お見舞いカンパ）　曾我　孝　24
協会費納入についてのお願い　24
事務局だより　24
会員動静　25
意見・便り・提案
　大久保信哉／豊富靖／橘逸夫／江原哲人／塩沢朝子／苗田康夫／入江一彰　25－26
資料紹介　一九六四年十一月労働組合結成大会運動方針（案）　映画産業単一労働組合準備会　26－31
八粍映画の作り方講習会――北九州講座の報告　江原　哲人　31－33
土浦市における八ミリ講習会　33
分裂の策動に反対する――協会規約綱領の精神　徳永　瑞夫　34－39
「月例会」に集まろう！　40

定例総会

第五回定例総会　議案書

一九五八（昭和三三）年一二月二七日

第五回定例総会式次第　表紙
一、機関誌とグループ活動　1
二、劇場上映運動　1
三、作家の諸権利　1－2
四、機関誌の発行問題　2
来年度の方針に関する提案書
一、グループ活動の強化　2
二、作家の諸権利と作家の主体性の確立を目指して　3
三、機関誌発行の自主体制について　3
四、常任委員会の成文化―規約改正　3－4
五、助監督部会の廃止　4
六、会費の調整　4
七、国民文化会議への加入　4
機関誌の編集を省りみて（運営委員会）　4－5
協会のうごき（事務局報告）　5－6
協会年間活動日誌（事務局報告）　6－7
昭和33年度会計報告（教育映画作家協会）　8－9
会計監査証明書　10
助監督部会報告　10
六分科会報告
記録映画分科会報告／教材映画部会報告並提言（岡本昌雄）／PR映画部門の報告（加藤）／アニメーション部会報告書（吉岡宗阿弥）／科学映画部会報告（樺島清一）　11－18
新役員の選挙方法と候補者一覧表　19

第六回定例総会　議案書

一九五九（昭和三四）年一二月二七日

第六回定例総会式次第　表紙
四、一般年次報告（運営委員会）　1－4
五、記録映画研究会一九五九年度活動報告（記録映画研究会幹事・大沼／野田／松本）　4－6

六、雑誌『記録映画』報告
イ、経営関係（経営委員会）　6－7
昭和34年『記録映画』関係会計報告（教育映画作家協会）／昭和34年度『記録映画』読者拡大グラフ／『記録映画』予算変更表／『記録映画』資金ぐり表／記録映画を見る会活動報告　8－13
ロ、編集関係（編集委員会の報告・岩佐氏寿）　13－15
七、事務局報告
イ、〃記録映画〃製作運動について　15－16
ロ、協会年間活動日誌　17－19
ハ、協会々員のうごき　19－21
十、来年度の方針案に関する提案（運営委員会）　22－23
会計監査証明書／昭和34年協会一般会計報告／昭和34年協会関係会計報告（教育映画作家協会）　21・24－25
新役員の選挙方法と候補者一覧表　(26)

第七回定例総会　議案書

一九六〇（昭和三五）年一二月二八日

第七回定例総会式次第　(1)
今年を省みて――一般年次報告（運営委員会）　2－7
四のA　記録映画研究会報告（世話人・長野千秋／大沼鉄郎／松本俊夫／野田真吉）　7－8
四のB　社会教育映画研究会報告（世話人・岩堀喜久男／荒井英郎）　8－9
五、雑誌『記録映画』報告（編集委員会）　9－11
六、事務局及財政報告
①協会員のうごき　11－13
②安保斗争　13－14
③記録映画を見る会について　14－15
④教育映画祭及振興会議について　15
⑤労視研全国集会について　15
⑥財政について　15－16
⑦協会年間活動日誌　16－22
会計監査証明書　23

九、来年度の方針案（運営委員会）　23–24
昭和35年度協会関係財政報告
試算表／損益計算書／内訳明細書（協会関係）　折込表
昭和35年度『記録映画』関係財政報告（教育映画作家協会）
（＊試算表）／損益計算書／内訳明細書（『記録映画』関係）　折込裏
昭和36年度予算案　25
新役員の選挙方法と会員及推せん者一覧表（教育映画作家協会第七回総会選挙管理委員会）　26–28

第八回定例総会　議案書

一九六一（昭和三六）年一二月二七日

一、一般年次報告
①協会をとりまく情勢　2–4
②協会の情勢と活動　4–7
③混迷と停滞の本質は何か　打開の道はどこにあるのか　7–8
二、研究会報告
イ、記録映画研究会（西本）　9–10
ロ、社会教育映画研究会（荒井）　11
三、『記録映画』編集委員会報告　11–13
四、協会年間活動日誌　13–16
六、来年度の方針案
Ⓐ基本的な考え方　16–18
Ⓑ当面の具体的方針　18–20
七、新役員の選挙方法と会員及推せん者一覧表　20–21
会計監査証明書　22
昭和36年度『記録映画』財政報告
損益計算書／貸借対照表／内訳明細書（記録関係）　23–24
昭和36年度協会財政報告
損益計算書／貸借対照表／内訳明細書（協会関係）　25–26
昭和37年度予算案　27

第九回定例総会　議案書

一九六二（昭和三七）年一二月二七日

Ⅰ　一般年次報告

A　記録映画作家のおかれている情況　1－2

B　この情況の中で、どんな映画運動、作家活動があったか　2

C　作家協会は何をしてきたか　2－4

D　研究会報告　5

E　製作運動部報告　6－7

F　生活・権利対策部報告　7－10

Ⅱ　『記録映画』編集委員会の総括と報告　10－12

Ⅲ　今年をふりかえって問題点は何か　13－14

Ⅳ　来年度の方針案　14－15

Ⅴ　新役員の選出方法と会員一覧表　15－16

Ⅵ　活動の記録　17－18

Ⅶ　財政部報告　18－21

協会38年事予算表　21

昭和37年度協会財政報告

損益計算書／貸借対照表／内訳明細書　22－23

第一〇回定例総会　議案書

一九六三（昭和三八）年一二月二七日

一、一般年次報告

1　われわれをとりまく諸情勢　1

2　映画産業の情況　1－2

3　短篇映画界の情況　2

二、本年度協会の運動報告

1　生活と権利を守る斗いについて　3

2　会員の作品批評と研究の会　3－4

3　『記録映画』を通じての芸術運動と理論活動　4

4　事業活動　4

5　対外活動　5

三、今までの組織的内的矛盾の激化にともなう協会の危機について　5－6

四、協会をどうするべきか　各人は何をなすべきか　6－7

五、協会の生き る道――来年度運動方針案　7－8
六、新役員の選出方法と会員一覧表　8－10
昭和38年度協会財政報告
損益計算書／貸借対照表／内訳明細書　11－12
昭和39年度予算表／39年度予算明細書　13

第一一回定例総会　討議資料

一九六五（昭和四〇）年二月二七日

第十一回定例総会次第　表紙裏
一、私たちはいまどんな現状の中にいるか　1－4
二、協会はこの一年どんな歩みをしてきたか　4－9
三、本年度の運動方針　9－12
四、新役員の選出方法と会員一覧表　12－14
附表Ａ　会計報告
1964年度収支報告書／収入の内訳／支出の内訳／1965年度予算案　15－17
附表Ｂ　ギャラ基準案　18
附表Ｃ　一九六四年度受賞作品　18－24

〈「付録」収録一覧〉

口絵　第2回世界の実験映画を見る会〔ポスター〕●一九六〇（昭和三五）年
口絵　『記録映画』12月号〔販促ポスター〕

資料番号――資料名●著者・発行者●発行年月日《開催日》

一――1951映画目録●日映作家集団移動映写班
二――記録映画「1952年メーデー」●企画編集＝メーデー実行委員会宣伝部　製作＝共同映画社
三――「米」●共同映画社
四――記録映画教育映画製作協議会ニュースNo.1●一九五三（昭和二八）年四月一〇日
五――記録映画「京浜労働者」製作のためのカンパ要請について
／鶴見地区労報　記録映画仮題「京浜労働者」シナリオ第二稿
●鶴見地区労働組合協議会委員長代理／神奈川県労働組合記録映画製作委員会・鶴見地区「京浜労働者」製作委員会
六――神労映ニュースNo.4●神奈川県労働組合記録映画製作委員会事務局●一九五三（昭和二八）年七月二〇日
七――「月の輪古墳」●共同映画社　企画製作＝月の輪映画製作委員会
八――月の輪ニュースNo.4●飯岡村文化財保護同盟会●一九五三（昭和二八）年八月二五日
九――労働組合各種民主団体のみなさん●月の輪映画製作委員会●一九五三（昭和二八）年一〇月
一〇――月の輪ニュースNo.5●美備郷土文化の会●一九五三（昭和二八）年一〇月七日
一一――御通知●月の輪映画製作委員会●《一九五三（昭和二八）年一〇月一六日》
一二――〝古墳〟月の輪をしらべよう●美備郷土文化の会つきのわ古墳発掘本部

一三――記録映画教育映画製作協議会ニュースNo.２●一九五四（昭和二九）年七月二五日
一四――永遠なる平和を「原水爆の惨禍」（仮題）●企画＝憲法擁護国民連合総評　製作＝日本映画新社
一五――記録映画「祖国の平和的統一のために！」第１集　民戦ニュース●在日朝鮮映画人集団
一六――「タネまく人々」●共同映画社　製作＝第一映画社
一七――「日鋼一九八日の斗い」製作ニュースNo.１／職場へ・町へ・村へ・カンパ運動を拡大しよう！
●日鋼記録映画製作本部●一九五五（昭和三〇）年一月二四日
一八――「日鋼室蘭」製作ニュースNo.２／俺は労働者だ　職場へ・町へ・村へ・上映活動を拡大しよう！
●日鋼記録映画製作本部●一九五五（昭和三〇）年二月一〇日
一九――記録映画「一九八日の斗い　日鋼室蘭」●共同映画社　企画＝日本労働組合総評議会・国民文化会議　製作＝「日鋼室蘭」記録映画製作委員会
二〇――記録映画「朝鮮の子」●「朝鮮の子」製作委員会
二一――記録映画「朝鮮の子」●「朝鮮の子」製作委員会
二二――「五色の集い」●福島県教員組合・「五色の集い」映画製作委員会
二三――「土の歌」●共同映画社　企画製作＝国際農村青年会議東北準備会映画製作委員会
二四――記録映画「１９５５年メーデー」●共同映画社　企画＝映画演劇労働組合総連合　製作＝メーデー映画製作委員会
二五――教育映画作家協会規約／内規
二六――試写研究会開催御案内●《五月三一日》
二七――イタリヤ文化映画を鑑賞する試写会御案内●《六月四日》
二八――外国短篇試写会御案内●《六月六日》
二九――これだけは見てもらいたい映画の会●教育映画作家協会●《一九五五（昭和三〇）年一二月一一日》
三〇――アンケート集　みなさんの声―これだけは見てもらいたい映画の会によせて●教育映画作家協会●一九五五（昭和三〇）年一二月二六日

三一――教育映画作家協会々計報告〈秘〉―昭和三十年三月創立より同年十一月まで九ヶ月間の収支計算書
三二――4月試写研究会のおしらせ〔はがき〕●教育映画作家協会●《四月二八日》
三三――試写会のお知らせ●教育映画作家協会●《五月一五日》
三四――シナリオ研究会延期のおしらせ●シナリオ研究会世話人●《一〇月二〇日》
三五――会計報告 7月分・8月分●原子
三六――再び、財政危機に就ての訴え●教育映画作家協会運営委員会●一九五六(昭和三一)年一〇月
三七――新作教育映画発表会のお知らせ●《一二月一四日》
三八――〔未納会費〕●教育映画作家協会●一二月一一日
三九――作家協会第三回定例総会に就いてのお願い●教育映画作家協会運営委員会●一二月二三日
四〇――教材映画・テレビの実験研究会のおしらせ!●教育映画作家協会●《一月一六日・一月二四日》
四一――会計報告―自昭和三十年十二月一日 至昭和三十一年十一月三十日
四二――一九五六年度推せん作品投票/協会への御意見・御希望〔はがき〕●教育映画作家協会
四三――記録映画研究会のおしらせ●教育映画作家協会●《一月二六日》
四四――おしらせ 第二回記録映画研究会●《三月九日》
四五――急告●教育映画作家協会
四六――友好祭〔記録映画〕ニュース第一号 おねがい―第六回世界青年学生平和友好祭に記録教育映画の青年代表を送るために
●第六回世界青年学生平和友好祭記録教育映画部門代表派遣実行委●一九五七(昭和三二)年五月三一日
四七――「お母さんのしごと」を教材とした授業の特別研究会のおしらせ!●教育映画作家協会●《六月六日》
四八――友好祭ニュース№2●第6回世界青年学生平和友好祭教育記録映画実行委員会●一九五七(昭和三二)年六月
四九――〔モスクワ第六回世界青年学生平和友好祭・カンパ〕●教育映画作家協会運営委員会

五〇――払込票
五一――友好祭ニュース№4●第6回世界青年学生平和友好祭教育記録映画実行委員会●一九五七(昭和三二)年八月
五二――研究試写会お知らせ●教育映画作家協会運営委員会●一九五八(昭和三三)年七月二九日
五三――厚木たかさん帰国土産話の夕御案内●教育映画作家協会●一九五八(昭和三三)年八月五日
五四――小高美秋君退職金カンパを再度お願いします●運営委員会●一九五八(昭和三三)年八月二二日
五五――機関誌『記録映画』が出来ました!●教育映画作家協会
五六――短編映画の現状と普及上映の今後の問題点●教育映画作家協会・東京シネマ・共同映画社●〔一九五八年九月〕
五七――記録映画研究会のお知らせ!〔はがき〕●教育映画作家協会●《一〇月四日》
五八――試写研究会のお知らせ〔はがき〕●教育映画作家協会●《一〇月一〇日》
五九――声明書●教育映画作家協会運営委員会●一九五八(昭和三三)年一〇月二三日
六〇――警職法についてお願い●教育映画作家協会運営委員会●一九五八(昭和三三)年一〇月二四日
六一――「職務執行法改正案」についてのアンケート〔はがき〕●教育映画作家協会
六二――11月試写研究会のおしらせ●教育映画作家協会●《一一月四日》
六三――警職法改悪反対署名簿●教育映画作家協会●一九五八(昭和三三)年一一月五日
六四――教育映画作家協会各分科会お知らせ〔はがき〕●《一一月一七日・一一月二一日》
六五――協会活動発展と健全財政の為に協会費を全納下さい/第五回定例総会のお知らせ
●教育映画作家協会運営委員会●一九五八(昭和三三)年一一月二二日
六六――新理研映画労組協力要請に対しお願い〔はがき〕●教育映画作家協会運営委員会
六七――『記録映画』の読者拡大について●教育映画作家協会『記録映画』編集部●一九五九年
六八――国際短編映画試写と映サ活動家との懇談会御案内状

六九――『記録映画』八月号・シンポジウムレポート　ヒロシマ・わが想い――「二十四時間の情事」をめぐって
●大沼鉄郎●《一九五九（昭和三四）年》六月二〇日》
七〇――安保条約反対の映画製作に意見を！／実験映画公開研究会お知らせ
●教育映画作家協会運営委員会／教育映画作家協会記録映画研究会●一九五九（昭和三四）年七月八日
七一――安保映画製作ニュースNo.1●総評安保映画製作委員会
七二――安保阻止映画製作に意見を！／優秀映画を見る夕べ〝記録映画を見る会〟第二回研究会
●運営委員会●一九五九（昭和三四）年七月二四日
七三――安保条約反対映画「破滅への行進（安保条約）」について意見発表●丹生正・島谷陽一郎●〔一九五九（昭和三四）年八月〕
七四――〝記録映画の友の会〟をつくろう●記録映画の友の会準備会●一九五九（昭和三四）年八月
七五――十壱月記録映画研究会●《一一月二六日》
七六――十二月記録映画を見る会
七七――記録映画「失業――炭鉱合理化との闘い」●企画＝日本労働組合総評議会　製作＝映画製作委員会
七八――アジア・アフリカ連帯強化・昂揚のための国際映画製作案――カイロ常任書記局会議決定事項
／教育映画作家協会第六回定例総会予定表（案）●《一二月二七日》
七九――機関紙『記録映画』運転資金募集のおねがい！●教育映画作家協会運営委員会●一九六〇（昭和三五）年一月一二日
八〇――第四回ミリオン・パール賞記念映画会●城北映画サークル協議会●《二月六日》
八一――『記録映画』読者倍化のお願い！●教育映画作家協会運営委員会●一九六〇（昭和三五）年二月一九日
八二――教育映画作家協会規約／内規
八三――A・A諸国民連帯映画構成案●事務局●《三月一二日》

八四―世界の実験映画を見る会●《一九六〇(昭和三五)年四月一九日》
八五―世界の実験映画を見る会作品解説―『記録映画』創刊二周年記念
八六―雑誌『記録映画』二周年記念懇談会御案内●教育映画作家協会・『記録映画』編集部●《六月一八日》
八七―社会教育映画研究会のお知らせ!●教育映画作家協会●《六月一四日》
八八―〔安保批判の会〕●拡大世話人会●《七月二七日》
八九―安保対策資金カンパ●教育映画作家協会運営委員会・安保対策委員会●一九六〇(昭和三五)年七月一〇日
九〇―『ドキユメンタリイ映画』発行記念記録映画研究会/安保問題映画研究会おしらせ!
●教育映画作家協会・みすゞ書房/教育映画作家協会・安保対策委員会・記録映画研究会●《八月一六日/八月六日》
九一―第2回世界の実験映画を見る会●《一九六〇(昭和三五)年一〇月四日》
九二―今年最後の社会教育映画研究会のお知らせ!●社会教育映画研究会世話人●一九六〇(昭和三五)年一一月二八日
九三―記録映画作家の作品歴と住所録作成にあたり●記録映画作家協会事務局●一九六一(昭和三六)年五月一日
九四―『記録映画の技術』
●編=記録映画作家協会　著=岩佐氏寿・植松永吉・岡本昌雄・菅家陳彦・京極高英・吉見泰●一九六一(昭和三六)年一〇月一日
九五―「夜と霧」を見る会ニュース第一号●「夜と霧」を見る会準備会●一九六一(昭和三六)年一〇月七日
九六―「飼育」上映促進ニュース№1●「飼育」上映促進の会●一九六一(昭和三六)年一〇日月二三日
九七―世界実験ドキュメンタリー映画会―第4回実験映画を見る会●《一九六一(昭和三六)年一〇月二五日》
九八―高林陽一作品発表会●記録映画作家協会●《一九六一(昭和三六)年一一月一六日》
九九―第8回日本青年学生平和友好祭記録映画構成案及び製作仕上げ費用明細●(一九六二(昭和三七)年二月)
一〇〇―戦后の記録映画運動からの素描●《(一九六二(昭和三七)年三月)》
一〇一―西武記録映画を見る会―記録映画作家個展シリーズ●記録映画作家協会●《六月三日》

一〇二―第7回芸術映画を見る会会員証〔はがき〕●記録映画作家協会●《〔一九六二(昭和三七)年六月一九日〕》

一〇三―記録映画作家協会在京者全員集会議事録●記録映画作家協会事務局●一九六二(昭和三七)年六月二〇日

一〇四―第13回ヴェニス国際記念映画祭(イタリー)入賞発表のお知らせ●《一九六二(昭和三七)年六月二九日～七月四日》

一〇五―第1回8㎜映画講座●発行者＝大沼鉄郎　編集＝渡辺純子・山之内重己　発行＝記録映画作家協会●一九六二(昭和三七)年九月一日

一〇六―現実に対処する助監督の集り／社会教育映画研究会お知らせ
●記録映画作家協会生活対策部責任者／世話人●《〔一九六二(昭和三七)年〕一〇月一三日／一〇月一一日》

一〇七―名簿作成についてのお願い(緊急に!)●記録映画作家協会事務局

一〇八―「協会は何をなすべきか」―臨時総会にむけての討論の焦点●事務局

一〇九―米原子力潜水艦寄港問題重大段階へ●記録映画作家協会運営委員会●一九六三(昭和三八)年七月一日

一一〇―賛助会員の方にお願い●記録映画作家協会運営委員長・事務局長・財政部長●一九六三(昭和三八)年八月二〇日

一一一―お知らせ　臨時総会中止の理由―定例総会にむけての諸活動●〔一九六三(昭和三八)年八月〕

一一二―これだけは見ておきたい記録映画の会会員証〔はがき〕●記録映画作家協会●《一一月二一日》

一一三―アンケート(会費問題について)〔はがき〕●記録映画作家協会

一一四―第三回アジア・アフリカ映画祭について

一一五―シンポジュム開催についての呼びかけ／資料●《九月一二日》

一一六―臨時総会議案書●運営委員会●《一九六四(昭和三九)年一二月二六日》

Ⅲ 索引

『記録映画作家協会会報』執筆者索引・凡例

一、本索引は配列を五十音順とし、外国人名も姓を基準とした。

一、旧漢字、異体字はそれぞれ新漢字、正字に改めた。

一、表記は、号数―頁数の順とした。

号数のない「号外」には、以下のとおり資料番号で示した。

①一九五五（昭和三〇）年一一月一〇日発行　②一九五六（昭和三一）年一月一七日発行

③一九五七（昭和三二）年四月二日発行　④一九五七（昭和三二）年一二月三〇日発行

⑤一九五八（昭和三三）年七月一一日発行　⑥一九五八（昭和三三）年一一月五日発行

⑦一九五九（昭和三四）年一〇月二〇日発行　⑧一九五九（昭和三四）年一二月一五日発行

⑨一九六〇（昭和三五）年一月二〇日発行　⑩一九六〇（昭和三五）年七月一日発行

⑪一九六〇（昭和三五）年七月六日発行　⑫一九六〇（昭和三五）年八月五日発行

⑬一九六〇（昭和三五）年一二月二八日発行　⑭一九六一（昭和三六）年六月一日発行

⑮一九六一（昭和三六）年一〇月一日発行　⑯一九六一（昭和三六）年一二月一一日発行

⑰一九六三（昭和三八）年五月一四日発行　⑱一九六四（昭和三九）年二月一日発行

一、原本に頁数の表記のない場合は、頁数に（　）を付した。

一、〔　〕は編集部の補足であることを示す。

（編集部）

執筆者索引

《あ》

相川竜介 8-(6)
青木　徹 50-1, 50-5
赤佐政治 17-20, 20-17, 26-12, 34-4
秋元　憲 3-(4), 5-(2)
浅野辰雄 63-4, 94-7
厚木たか 7-(2), 15-14, 16-18, 34-1, 39-4
阿部慎一 91-7
荒井英郎(荒井) 13･14-5, 19-11, 39-3, 54-6, 94-7
安保条約問題研究会 46-5
安保批判の会拡大世話人会 55-7
安保批判の会事務局 52-8
飯田勢一郎 25-6, 27-10, 27-15, 30-5, 63-7
飯村隆彦 57-1, 57-4, 63-7
池田元嘉 号外⑱-4
石田　修 19-12, 39-5
石本統吉 2-2, 5-(3), 23-6, 28-2
泉田昌慶 号外⑱-2
伊勢長之助 18-14, 19-17
稲村喜一 17-5
入江一彰 50-5, 96-26
入江勝也 34-5
岩佐氏寿(岩佐) 16-17, 17-17, 18-6, 22-17, 22-25, 27-15, 32-(2), 39-3, 47-7
岩崎太郎 7-(3), 11-4, 18-5, 19-10, 22-25, 30-5
岩堀喜久男(岩堀) 13･14-4, 15-20, 19-6, 19-10, 20-18, 21-35, 35-(4), 44-5, 55-4, 55-6
上野耕三 29-2, 91-8
魚好辰夫 94-7
運営委員会(運営委、教育映画作家協会運営委員会、記録映画作家協会運営委員会、作協運営委) 5-(1), 6-(1), 8-(1), 12-1, 12-10, 13･14-1, 15-1, 15-8, 16-1, 16-3, 16-14, 17-1, 17-7, 18-1, 19-1, 19-10, 19-20, 21-1, 21-31, 23-1, 24-1, 24-11, 25-1, 26-1, 27-1, 28-1, 29-1, 30-1, 31-1, 号外⑤-1, 号外⑤-2, 35-(1), 37-(4), 38-(2), 38-(4), 39-1, 39-2, 45-8, 46-7, 号外⑩-2, 68-1, 号外⑯-1, 76-1, 76-2, 78-6, 79-3, 92-6, 94-1, 96-1, 96-18
運動部→製作運動部
映演共斗会議 95-7
映画産業単一労働組合準備会 96-26
A・A作家会議日本協議会〔アジア・アフリカ作家会議日本協議会〕 84-3

Ｓ　生　26-14
Ｎ　22-22, 25-8
ＮＫ生（Ｎ・Ｋ生）　17-20, 21-36
江原哲人　号外⑱-4, 92-19, 96-26, 96-31
遠藤完七　64-3
Ｏ　24-22
大久保信哉　39-4, 92-19, 96-25
大島辰雄　63-7, 69-2
大島正明　47-7
大鶴日出夫　17-17
大沼鉄郎（大沼）　13･14-5, 15-20, 17-5, 18-5, 19-11, 20-19, 22-26, 23-13, 24-16, 26-11, 34-4, 39-4, 45-5, 54-7, 55-3, 号外⑪-4, 号外⑫-2, 81-3, 83-2, 85-9
大野孝悦　53-4
大野　祐　25-8
大野芳樹　6-5
大林義敬　92-19
岡　秀雄　25-8
岡田桑三　28-2
岡野薫子　26-12, 30-5
岡本昌雄　12-8, 16-11, 20-18, 21-15, 23-16, 25-7, 27-14, 39-3, 63-7
小口禎三　15-3
小熊　均　15-18, 18-4
小高美秋（小高）　6-5, 6-6, 7-(6), 8-(7), 8-(8), 18-16, 19-13, 23-22, 29-20, 号外⑤-1, 39-1
小野春男　16-14
小野寺正寿　9-2
尾山新吉　15-20

《か》

会報編集部（編集子、編集部）　16-12, 21-3, 27-2, 28-2, 29-2, 30-6
科学映画社　34-5
学習研究社映画部　34-5
粕　三平　号外⑮-1, 72-3
片岡　薫　12-8, 15-18, 18-4, 18-6, 19-11
片桐直樹　18-4
加藤松三郎（加藤）　2-4, 3-(4), 5-(6), 6-4, 6-6, 7-(6), 8-(4), 8-(8), 9-3, 9-5, 10-5, 11-6, 13･14-9, 13･14-20, 15-19, 16-16, 16-18, 17-20, 18-2, 18-16, 19-10, 19-20, 20-6, 20-19, 20-22, 21-13, 21-36, 22-2, 22-26, 22-28, 23-16, 24-17, 24-24, 25-16, 26-12, 26-18, 27-15, 27-22, 28-16, 30-8, 30-12, 31-9, 31-12, 31-18, 号外④-(4), 34-4, 39-3, 94-7
加納竜一　2-2, 91-8
樺島清一　5-(5), 10-2, 15-19, 18-4, 18-5, 19-11, 25-7, 35-(4), 号外⑱-3, 92-19
唐木武人　92-18
川本博康　35号外-(1), 号外⑱-1
川本昌文　号外⑪-2
菅家陳彦（菅家）　9-4, 12-12, 15-22, 17-6, 20-3, 21-14, 21-19, 22-26, 23-9, 24-15, 29-2, 38-(4), 91-20, 92-23
かんけ・まり（かんけ）　2-3, 11-4, 12-10, 13･14-5, 15-2, 15-20, 17-10, 20-19, 24-16, 25-5, 25-8, 27-8, 30-5

幹事会→助監督部会幹事会
菊池康治　号外⑱-2
北　賢二　11-4, 15-18, 19-10
衣笠十四三　15-19
木村荘十二　22-21, 29-2
京　俊明　12-6
教育映画作家協会　12-1, 13･14-19, 18-7, 32-(1)
教育映画作家協会運営委員会→運営委員会
教育映画作家協会事務局→事務局
教育映画作家協会新人会→新人会
教育映画作家協会新入会有志　5-(3)
京極高英(京極)　8-(5), 9-3, 13･14-5, 15-14, 16-5, 17-7, 18-5, 19-12, 21-11, 22-25, 23-16, 26-2, 26-12, 47-7, 58-3
教材映画研究会　25-14
共同映画社　23-20
記録映画研究会幹事　号外⑨-(2)
記録映画作家協会運営委員会→運営委員会
記録映画友の会準備会　48-4
『記録映画』編集部　92-28
櫛田ふき　34-1
楠木徳男　17-13, 18-4, 19-12, 39-3, 63-6, 67-1, 号外⑰-2, 号外⑱-3
久保田義久　39-3
熊谷光三　60-4
クレシヨフ，レフ　29-16
黒木和雄　11-4, 15-18, 18-4, 39-4, 63-7, 92-4
桑木道生(くわき)　4-(4), 10-2, 15-19, 16-16, 18-5, 19-12, 20-17, 21-35, 27-14, 69-2, 69-6
桑野　茂　12-8, 13･14-17, 15-19, 16-18, 26-12, 39-3, 55-3, 57-4
K　95-9
月曜会　2-3, 3-(3)
研究会部　78-4
河野哲二　10-2, 13･14-3, 16-11, 22-20, 25-7, 26-12, 27-16, 39-4
国民文化会議　83-4, 84-3
小島義史　15-16, 18-4, 20-19, 30-5, 39-4
小谷田亘　19-11, 20-18, 29-15, 63-7
小森幸雄　47-7
近藤才司　16-10, 17-17, 18-4, 19-10

《さ》

斉藤茂夫　号外⑱-2
在日本朝鮮映画人集団　22-20
坂田邦臣　30-5
佐々木〔佐々木守〕　50-5
作協運営委→運営委員会
佐藤みち子　95-6
塩沢朝子　96-26
司徒慧敏　24-21
シナリオ研究会世話人　18-1
榛葉豊明　15-19, 25-7, 39-4
島内利男　9-4, 25-6
島谷陽一郎　12-4, 12-8, 15-18, 17-20, 18-5, 24-15, 25-6, 25-12, 27-15, 34-4
島本秀子　19-17
清水信夫　19-11
事務局(教育映画作家協会事務局)　2-4, 10-2, 11-5, 13･14-14, 13･14-17,

13·14-18, 15-17, 16-6, 16-16, 17-6, 17-19, 19-10, 20-20, 20-21, 21-35, 31-8, 号外④-(4), 32-(4), 33-(3), 46-8, 48-5, 50-1, 号外⑨-(2), 57-4, 73-5, 75-3, 81-1, 87-1
事務局長 85-1
事 務 子 16-6, 17-6
下坂利春 10-2
下村和男 22-26
社会教育映画研究会世話人 号外⑨-(2)
自由映画技術者労働組合 69-4
常任運営委員会 81-1, 92-1
助監督部会幹事会(幹事会、助監督部ギヤラ委・幹事会) 号外③-(2), 24-18, 28-14
新教委法案反対中央国民大会 13·14-20
新人会(教育映画作家協会新人会) 17-9, 21-36
新人会運営委員会(新人会運営委員) 20-12, 21-14
新人会世話人 21-10
新日本文学会 84-3
新理研映画労組有志 82-3
杉原せつ 6-3, 15-20, 39-3, 53-5
杉山正美 12-12, 15-18, 16-18, 28-9, 30-11, 63-7
諏訪　淳 92-19
生活対策部 76-3, 77-4, 78-3
清家武春 22-27
製作運動部(運動部) 75-2, 77-2, 78-4
関野嘉雄 17-19
全国農村映画協会労働組合 79-3
曾我　孝 96-24

《た》

第二回アジア・アフリカ諸国民連帯会議日本準備会 52-9
第6回世界青年学生平和友好祭記録教育映画部門代表派遣実行委員会 26-18
高井達人 12-6, 15-19, 16-5, 21-35, 24-17, 25-7, 27-15
高島一男 17-5, 22-26
高綱則之 16-12, 21-14, 34-4, 39-4
高橋昭治 89-1
田口助太郎 27-2
竹内　繁 23-16
竹内信次 22-26, 39-4
たけはら・しげを 15-15
橘　逸夫 92-18, 94-7, 96-26
田中舜平 15-18, 29-15, 30-6
谷川義雄(谷川) 18-6, 19-10, 22-26, 23-16, 27-14, 31-13, 32-(1), 34-5, 39-4, 40-4, 47-8, 63-6
田畑正一 85-3
中央区原水爆禁止運動協議会 28-15
辻本誠吾 69-6, 70-4, 92-19, 95-6
時枝俊江 8-(6), 17-6
徳永瑞夫 27-14, 39-3, 47-8, 48-5, 91-12, 92-28, 96-34
富岡　捷 15-11, 15-18, 17-16, 20-19, 21-21, 30-6, 39-3
富沢幸男 6-4, 29-12, 30-2, 60-4, 61-4, 77-2, 79-2
豊田敬太 10-2, 13·14-10, 18-6, 19-13,

23-14, 23-15, 26-13, 31-12, 35-(4), 39-4, 53-4, 55-7, 号外⑱-4, 92-19, 94-6
豊富　靖　16-13, 39-4, 94-7, 96-25

《な》

苗田康夫(苗田)　8-(7), 15-18, 16-3, 16-8, 18-4, 22-25, 23-16, 25-2, 26-12, 27-9, 39-3, 84-1, 85-6, 96-26
長井泰治(長井)　4-(2), 11-4, 17-6
中江隆介　9-2
永岡秀子　92-19
中川順夫　13·14-5, 15-20
中島智子　18-6, 25-6
中島日出夫　9-2, 15-7, 15-18, 17-12, 20-17, 23-5, 39-4
永富映次郎　10-2, 15-19, 17-5, 18-5, 19-10, 23-5, 26-12, 27-14, 30-6, 33-(4), 34-3, 39-3, 45-5, 46-8, 48-3, 48-5, 49-5, 50-5, 53-4, 54-8, 55-7
長野千秋　28-5, 50-5, 号外⑪-1, 63-6, 号外⑱-5
中村久亥　号外⑱-2
中村敏郎　4-(3), 16-18, 20-17, 21-21
中村麟子　9-2, 25-5
西江孝之　95-5
西尾善介(西尾)　6-2, 9-3, 10-2, 11-5, 12-8, 18-5, 20-10, 21-21, 25-7, 35-(4), 39-3
西沢周基　10-2, 18-9, 23-12, 26-12
西沢　豪　6-4, 15-18, 20-19, 27-15, 30-4, 39-4, 45-5
西田真佐雄　号外⑪-5, 号外⑫-1
西本祥子(西本)　9-2, 25-5, 26-6, 26-12, 28-8, 73-4, 84-7, 85-10
丹生　正　15-19, 16-15, 16-18, 22-26, 25-7, 26-12, 30-7, 34-4, 39-3, 50-5, 56-2
日本労働組合総評議会　65-6
韮沢志ぐれ　29-17
韮沢　正　15-4, 18-5, 22-27, 25-7, 29-17
野田真吉(野田)　3-(2), 4-(3), 11-4, 12-10, 15-14, 16-6, 17-5, 19-4, 19-10, 20-8, 21-2, 21-13, 22-13, 23-8, 24-16, 24-19, 25-2, 25-16, 26-13, 27-14, 27-18, 29-17, 31-13, 31-18, 号外⑥-(2), 39-4, 48-5, 94-7
能登節雄　39-3, 48-5, 51-1

《は》

秦　康夫　12-5, 18-4, 30-5
花松正ト　39-4, 89-1, 92-20
羽仁　進　5-(5), 6-4
羽田澄子　9-4, 16-2, 18-4, 26-12, 27-11, 39-3, 47-7
林田重男　25-12
頓宮慶蔵　39-4, 67-1
原子英太郎(原子)　8-(8), 18-13, 19-14, 21-20
原田　勉　47-7, 54-8, 号外⑱-2
原本　透　18-4, 18-6, 19-10, 21-15
東　陽一　89-7, 92-18
樋口源一郎　9-4, 13·14-12, 16-18, 18-6, 21-13, 21-21, 24-17

肥田　侃　15-18, 18-5, 20-18, 25-6, 29-17, 30-5, 34-4, 39-3, 52-2, 52-7, 61-2, 92-19
日高　昭　3-(3), 10-2, 15-10, 17-14, 20-17, 22-26, 39-3, 号外⑱-4, 95-5
平野克己(平野)　63-2, 64-5, 92-19
広木正幹　69-2, 号外⑮-1, 72-3, 94-7
深江正彦　23-15, 34-3, 39-5
藤田幸平　45-5, 46-6, 49-5, 54-8
藤原智子　30-5, 35-(4)
フリー助監督生活対策準備委員会　33-(4)
フリー助監督選出の運営委員会　34-2
古川良範　70-1
編集委員会〔協会事務局編集委員会〕　37-(2)
編集委員会〔『記録映画』編集委員会〕　38-(2)
編集子→会報編集部
編集部→会報編集部
許《ホ》南《ナム》麒《ギ》　86-6
坊野貞男　33-(4)
星合達郎　57-1
星山　圭(星山)　91-6, 92-13, 92-18, 93-6
堀田幸一　17-2
本間賢二　17-10, 18-6

《ま》

前田庸言　15-20, 19-11
牧野　守　27-15, 30-5
松尾一郎　92-19
松岡新也　7-(5)
松川八洲雄　63-7, 69-6
松崎与志人　39-4
松本公雄　15-19, 18-5, 20-19, 92-19
松本治助　18-6, 28-9
松本俊夫(松本)　13･14-5, 15-19, 19-12, 22-24, 23-12, 25-7, 27-12, 30-6, 31-11, 31-13, 34-3, 39-3, 56-2, 58-3, 63-7
真野義雄　18-5, 25-6
間宮則夫　6-6, 9-4, 11-2, 13･14-6, 17-5, 18-8, 19-17, 21-22, 23-5, 39-3, 63-7, 号外⑱-5, 92-18
丸山章治(丸山)　7-(4), 10-2, 13･14-2, 13･14-5, 15-19, 17-10, 18-6, 19-5, 19-12, 20-11, 20-17, 21-12, 23-5, 24-17, 25-6, 27-15, 28-2, 29-2, 29-16, 31-10, 34-5, 39-3, 49-1, 49-8, 63-7, 83-6, 84-10, 85-14, 号外⑱-2, 95-6
三浦卓造　19-10
三上　章　63-6
三木　茂　29-2
水上修行　24-14, 26-13
道林一郎　7-(4), 17-5, 25-7, 30-5
三井プロ労組有志　82-5
宮内　研　67-1
無記名氏　31-16
無 名 氏　15-20, 31-12
村尾　薫　19-2
村上雅英　30-6
村田達二　10-2, 15-18, 26-12, 29-15, 30-5, 31-13, 39-4, 号外⑮-1, 92-19, 95-5
持田裕生　63-6

森田　純　16-12, 19-11, 25-8, 39-5
森田　実　28-10
森脇達夫　13·14-3
諸岡青人　6-5, 15-19, 18-6, 22-23, 27-14, 30-4, 39-4, 63-7
諸橋　一　11-4, 39-4, 63-6, 76-5

《や》

八木仁平　6-4, 9-3, 12-8, 15-19, 17-5, 18-5, 23-12, 26-13, 39-3
八木　進　12-8, 15-20, 17-5, 25-7, 29-15
柳沢(柳沢生)〔柳沢寿男〕　2-4, 3-(4), 4-(4)
八幡省三　15-18, 16-6, 23-16, 39-3
矢部正男(矢部)　2-3, 13·14-15, 15-9, 18-4, 20-17, 21-12, 39-4, 59-3
山岸静馬　9-3, 11-4, 15-20, 20-19
山口淳子　25-5
山下為男　46-8, 47-1
山添　哲　18-6
山之内重己(山之内)　36-(4), 37-(4), 53-5, 81-3
山本竹良　15-19
山元敏之　63-7, 号外⑱-3
山本升良　11-4, 15-6, 29-2
吉岡宗阿弥　9-3, 18-10, 号外⑥-(2)
吉田和雄　39-4
吉田六郎　16-4, 87-6
吉見　泰(吉見)　5-(5), 6-4, 6-5, 9-1, 9-3, 10-1, 11-1, 13·14-13, 15-13, 15-20, 18-6, 20-2, 20-17, 21-15, 21-18, 22-25, 26-8, 27-14, 27-17, 28-2, 31-13, 35-(2), 67-1, 87-5, 号外⑱-3, 93-2
米山　彊　24-22

《わ》

渡辺　亨　20-18, 39-4
渡辺正己　16-14, 17-8, 18-5, 19-11, 30-9, 52-2, 92-12
藁谷　勲　95-5
割付氏(割付子)　13·14-20, 16-18

編・解説執筆者紹介

阪本裕文（さかもと・ひろふみ）

一九七四年生まれ
現　在　稚内北星学園大学准教授
編　著　『松本俊夫著作集成』（松本俊夫著）森話社、二〇一六年～
共　著　『メディアアートの世界 実験映像1960-2007』国書刊行会、二〇〇八年
『白昼夢 松本俊夫の世界』町立久万美術館、二〇一二年

佐藤　洋（さとう・よう）

一九八一年生まれ
現　在　共立女子大学非常勤講師　等
編　著　『映画学の道しるべ』（牧野守著）文生書院、二〇一一年
共　著　『日本のドキュメンタリー』5 資料編（佐藤忠男編）岩波書店、二〇一〇年
『日本映画は生きている』第三巻（吉見俊哉編）岩波書店、二〇一一年
『能勢克男における〝協同〟』同志社大学人文科学研究所、二〇一二年

復刻版『記録映画作家協会会報』全2巻・付録1・別冊1

２０１７年5月20日　第1刷発行
揃定価（本体７５、０００円＋税）
別冊　ISBN 978-4-8350-8039-0
全4冊　分売不可　セットコードISBN 978-4-8350-8035-2

編・解説　阪本裕文・佐藤　洋
発行者　細田哲史
発行所　不二出版 株式会社
東京都文京区向丘1―2―12
電　話　03（3812）4433
FAX　03（3812）4464
振　替　00160―2―94084
組版・印刷・製本／昴印刷

© 2017